「初手」で圧倒的にリードする

tinder® 公式 初対面に強くなる

Tinder 著

ない人にも
ほしい
に強い」
物にならない

積極的に
恋愛したく
知って
「出会い
スキルは、荷

みんな「人に会う」に疲れてない⁉

スマホで韓国ドラマの胸キュンシーンを見ながら、「このドラマの主人公みたいに、雨の中でばったり運命の人と出会えたらなぁ」と思いつつ、我に返ると深いため息が……。

だって、現実はめんどくさい。恋愛も人と会うこと自体全部。

「このマッチングアプリ、登録してもう3ヶ月経つけど、あんまり使ってない。ガツガツしてると思われたくなくて」

「メッセージって何書けばいいの？　何人もの人とのやりとりって疲れちゃう」

「いざ会う約束にこぎつけても、前日の夜になるとキャンセルしたい気持ちがうずうず……。初対面の人に会うワクワクより、対人ストレスが勝つ」

ぶっちゃけ、リアルな出会いって、たどりつくまでのハードルがあまりにも高すぎる。
日々、やることが山積みの中で、恋愛？ 出会い？ 正直、
そんな余裕ないかも。

その出会いストレス、「スキル」で解決できる

こんにちは。Ｔｉｎｄｅｒです。

「ステキな出会いはほしい」と思いつつ、面倒な気持ちが勝って、なかなか行動に移せない……。こうした矛盾をはらむ気持ち、よくわかります。Ｔｉｎｄｅｒのユーザーデータにもそれは顕著に表れています。

Ｔｉｎｄｅｒには、「恋人がほしい」「いい人がいれば付き合いたい」「友達がほしい」「暇つぶし」「チャット相手」「まだわからない」の計６つの選択肢から、自分が「今求めるものは……（出会いの目的）」を選択し、プロフィールに表示できる機能があります。

この中で、一番出会いの目的として選ばれている項目は、なんだと思いますか？

Tinder Japanの出会いの目的で一番多いのはどれだと思いますか？

- 恋人がほしい
- いい人がいれば付き合いたい
- 友達がほしい
- 暇つぶし
- チャット相手
- まだわからない

答えは
次のページ

正解は、いい人がいれば付き合いたい

このうち一番多いのが、「いい人がいれば付き合いたい」です。意外なことに「恋人がほしい」は第5位。「友達がほしい」は第6位です。

まず、「いい人」という関係性の曖昧さ。

「恋人がほしい」のか「友達でいい」のか明確にせず、「いい人がいれば、恋人になってもいい」というニュアンスをとりあえず出すという実に曖昧な態度で、その場を濁すことができる。

この言葉には、出会いを求める私たちの期待と不安、希望と躊躇、憧れと現実が詰まっているといえるのです。

今求めるものは…
（出会いの目的）
TOP5

1. いい人がいれば付き合いたい
2. チャット相手
3. 暇つぶし
4. まだわからない
5. 恋人がほしい

▼

これってこういうこと！

「私は恋愛したい人」と自分自身
はっきりとセルフ・ラベリングするのは不安。
でも、「偶然の出会い」に限界も感じている。

出典：「Year in Swipe 2023」

国民性が
見えてくる！

Tinderユーザー
世界《グローバル》と日本を比べてみた

コミュニケーションスタイル

グローバル

1. 対面で会いたい
2. テキストを送るのが好き
3. 電話で話すのが好き
4. テキストは苦手
5. ビデオ通話が好き

日本

1. 対面で会いたい
2. SNSを使うのが好き
3. テキストを送るのが好き
4. 電話で話すのが好き
5. テキストは苦手

恋愛において大切なこと

グローバル

1. 一緒にいる時間
2. スキンシップ
3. 思いやりのある行動
4. 褒めること
5. プレゼント

日本

1. 一緒にいる時間
2. 思いやりのある行動
3. スキンシップ
4. 褒めること
5. プレゼント

出典：「Year in Swipe 2023」

そもそも「いい人」ってどんな人？

そして、もうひとつの曖昧さ。そもそも「いい人」って、いったいどんな人のことを指すのでしょうか。

例えば、こんな話で考えてみましょう。

あなたはマッチングアプリで出会った人と、初めて会って居酒屋に行きました。

頼んだ〝ししゃも〟が４本出てきました。

当然「相手が２本、自分が２本」と思っていたら、あれよあれよという間に相手が４本全部ペロリと平らげてしまったのです。

あなたは、内心こんなふうに思います。

（え？　全部食べた？）

（２本ずつ分けるのが常識だよね？）

（せめて「全部食べていい？」って聞くのが、人として最低限のマナーじゃないの？）

あまりの衝撃に、相手の人間性を疑うほどの出来事として記憶に残る人もいるはずです。

でも一方で、こんな意見もあるのです。

「食べたいならもう1皿頼めばいいだけ。それで万事解決じゃない?」

「そんなことで目くじらを立てるなんて、神経質すぎるよ」

ししゃも1つ……、いや、ししゃも4本とっても、私たちの思う「いい人」の定義はあまりにも多様で曖昧であることを示しているのです。

あなたの「いい人」ってどんな人でしょう?

配慮ができる人?

気が利く人?

それとも、もっと別の何かを重視するのでしょうか?

「いい人」の定義は人それぞれ。

だからこそ、「いい人」の解像度は極力上げておき、いったい自分はどんな人との出会いを求めているのかを明確にしておくことが大切です。

同時に、恋人を探しているのか、友達を探しているのか、どんな出会いを希望しているのかについても明確にしておく必要があるのです。

深刻なコミュニケーション疲れのわけ

今、私たちを取り巻く環境は、すさまじいスピードで変化しています。リモートワークが当たり前になり、ＡＩは日々進化。ただでさえ毎日の仕事に追われているのに、新しいツールの使い方を覚え、最新のトレンドもキャッチアップしなければいけない。スキルアップのための勉強時間も確保しないと、あっという間に時代に取り残されそう……。

そんな中、人との新しい出会いや関係を築くことにエネルギーを使うことが難しくなり、〝出会いを頑張れない〟人が増えているのも無理はありません。

それは、２０２３年に公表された明治安田総合研究所のアンケート調査を見てもわかります。

約4割が恋愛に消極的！
誰かと一緒にいるのがストレス

恋愛・交際への興味

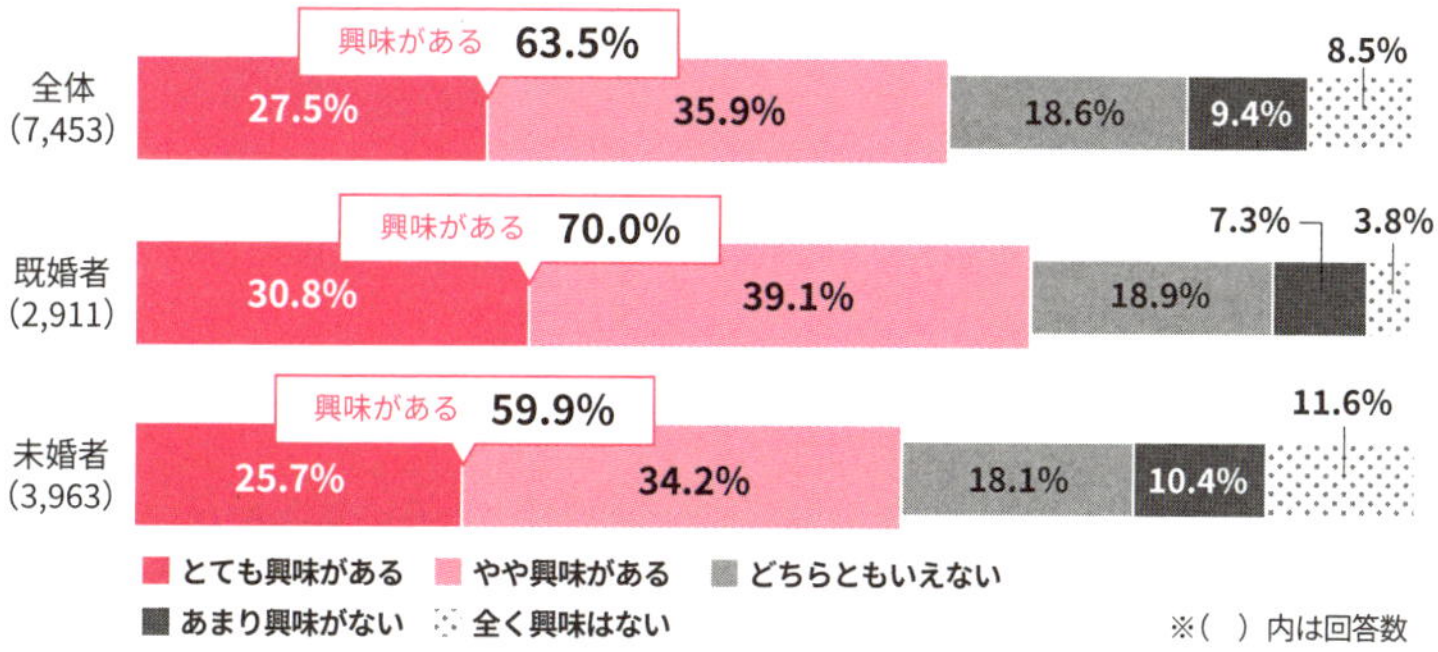

「どちらともいえない／あまり興味がない」と回答した人が
恋愛・交際への興味が持てない理由

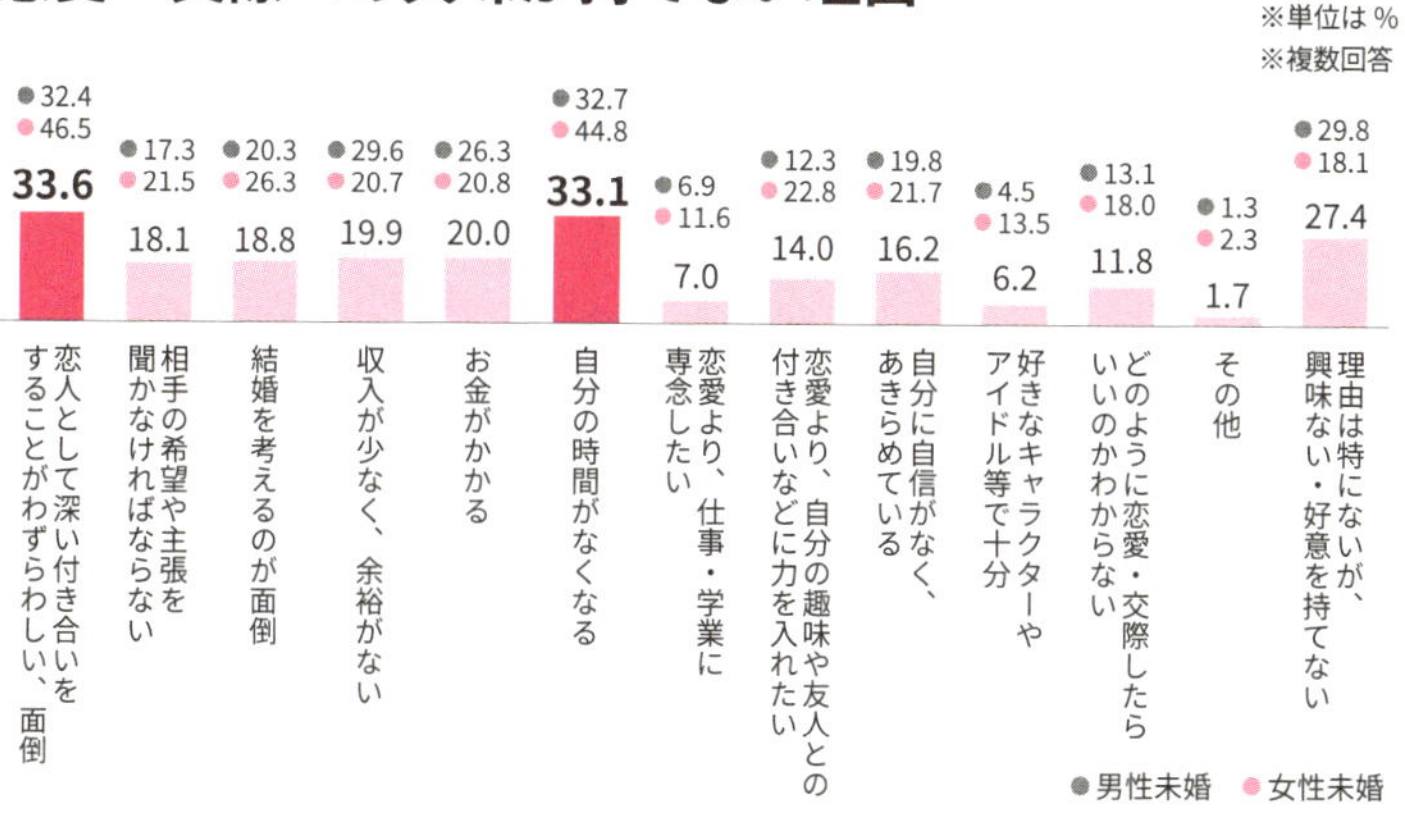

出典：株式会社明治安田総合研究所「恋愛・結婚に関するアンケート調査」（2023年度）

独身20代男性の4割「デート経験なし」

前のページのアンケート調査でもわかるように、恋愛・交際に興味が持てない理由の上位は、「恋人として深い付き合いをすることがわずらわしい、面倒」「自分の時間がなくなる」などが挙がりました。

そして、内閣府が公表した『令和4年版男女共同参画白書』によると、独身20代男性の4割が「デート経験がない」という結果が出たのです。その理由の上位が、「恋人として深く付き合うのが面倒」「自分の時間がなくなる」。〝若者の恋愛離れ〟は加速しているように見えます。

恋愛のほかにも、自分にかけたいリソースが山ほどある！

電通若者研究部（電通ワカモン）によると、イマドキの若者の恋愛は、自分が実際に「する恋」と、コンテンツを中心に、ときめきを楽しむための「見る恋」を明確に分けているそう。

恋愛の楽しみ方に変化が！「する恋」と「見る恋」

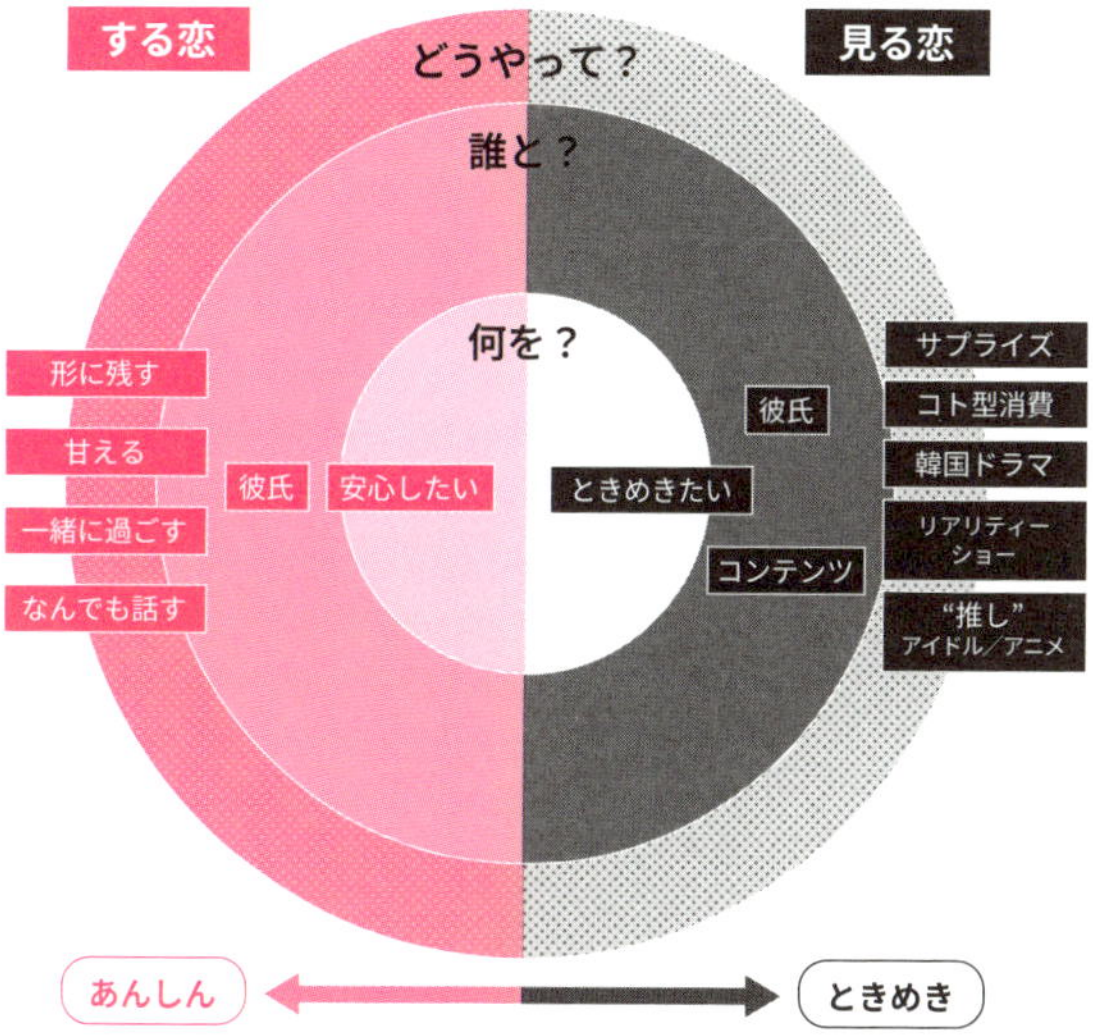

これってこういうこと！

若者が恋愛から離れたのではなく、
「見る恋」があるから「誰か」と恋愛しなくても
「ときめき」は手に入る。

出典：電通若者研究部「若者と恋愛」

現に、Ｋ－ＰＯＰアイドルにときめいたり、韓国ドラマに胸キュンしたり、推し活に生きがいを感じたり。安全圏から「〝好きピ（好きなＰｅｏｐｌｅ）〟を見る恋」にときめきを感じることには、かなり貪欲です。

一方で、「する恋」にも当然ながら興味はある。あるけれど、

人と深く関わることで起こる感情の起伏
相手の気持ちや行動に振り回される不安
自分の心の平穏が乱されることへの抵抗感
それに伴う、コミュニケーション疲れ……

そういう煩わしさがよぎると、とたんにリアルな恋愛は二の足を踏む。それが、「デート経験がない」という結果に反映されているのかもしれません。

だから結局は、白馬の王子様がいつかやってくるのを待ちながら、今日もＫ－ＰＯＰに沼る人は多いのです。私たちは、「韓国ドラマのような運命の出会い」を夢見ながら、日々を

過ごしているのかもしれません。

しかしながら、その受動的な姿勢は、自分の人生において主導権を持たないことを意味し、結果として多くの出会いのチャンスを逃す可能性があります。

いつ現れるともわからない白馬の王子様待ち、あるいは深窓の令嬢待ちはタイムパフォーマンスが悪すぎるのです。

偶然という「ただの待ち」は、人生のチャンスロス？

一方、次ページの調査結果にもあるとおり、近年、夫婦の出会いのきっかけとして、1年以内に結婚した夫婦の4人に1人がマッチングアプリ婚です。

マッチングアプリを積極的に活用して主体的に行動することで、運命の出会いは、「待つもの」ではなく「見つけに行くもの」と言わんばかりに出会いの機会を最大限に増やしている人がいるのもまた事実です。

Q. 夫婦の出会いのきっかけは何ですか
（1年以内に結婚した夫婦）

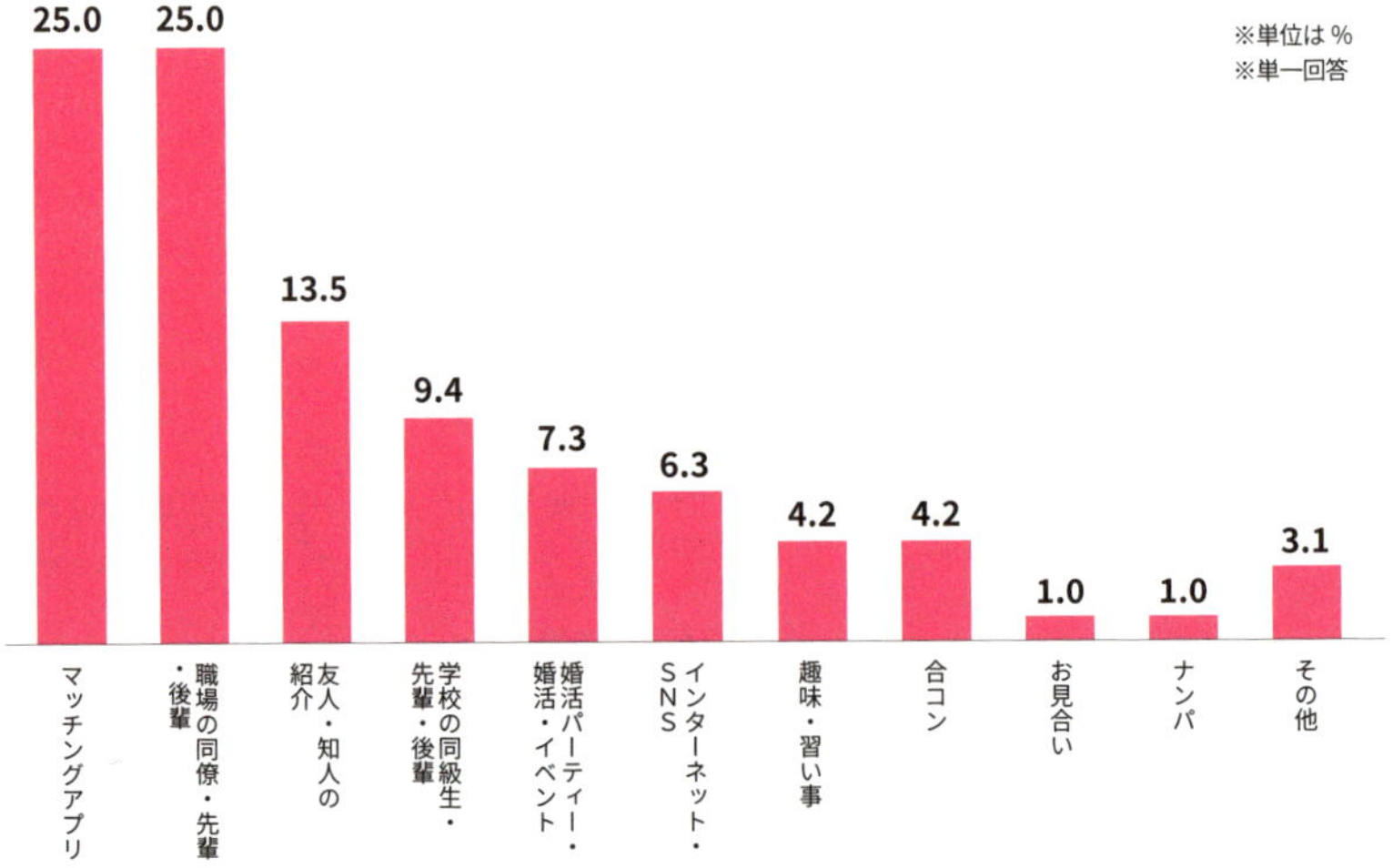

出典：明治安田生命「いい夫婦の日に関するアンケート調査」（2023年）

自ら相手にアプローチすることで、自分のニーズや価値観に合った人を見つけやすくなります。

これは、自分の人生を自分でコントロールし、ひいては、出会いという行為を通して、自分自身の幸せを見つけることにもつながっていくのです。

相手と深く関わるには、理解し、共感し、ときには振り回され、妥協するなど多大なエネルギーを要します。

SNSやマッチングアプリなどが普及して人と人が簡単につながれるようになった今も、本質的な人間関係の構築には多くの挑戦が伴うことに変わりはないのです。

ただし、ここでネックになるのが、初対面のコミュニケーション。新たな出会いを探すときに欠かせないマッチングアプリは、毎回が初対面の相手とのやりとりになるのです。

大人になっても、「人見知り」と称する人は少なくありません。ワーキングマザーを対象にしたアンケートで、実に7割の女性が自分を「人見知り」と認識しているという調査結果もあります。

あなたは人見知りする方だと思いますか？

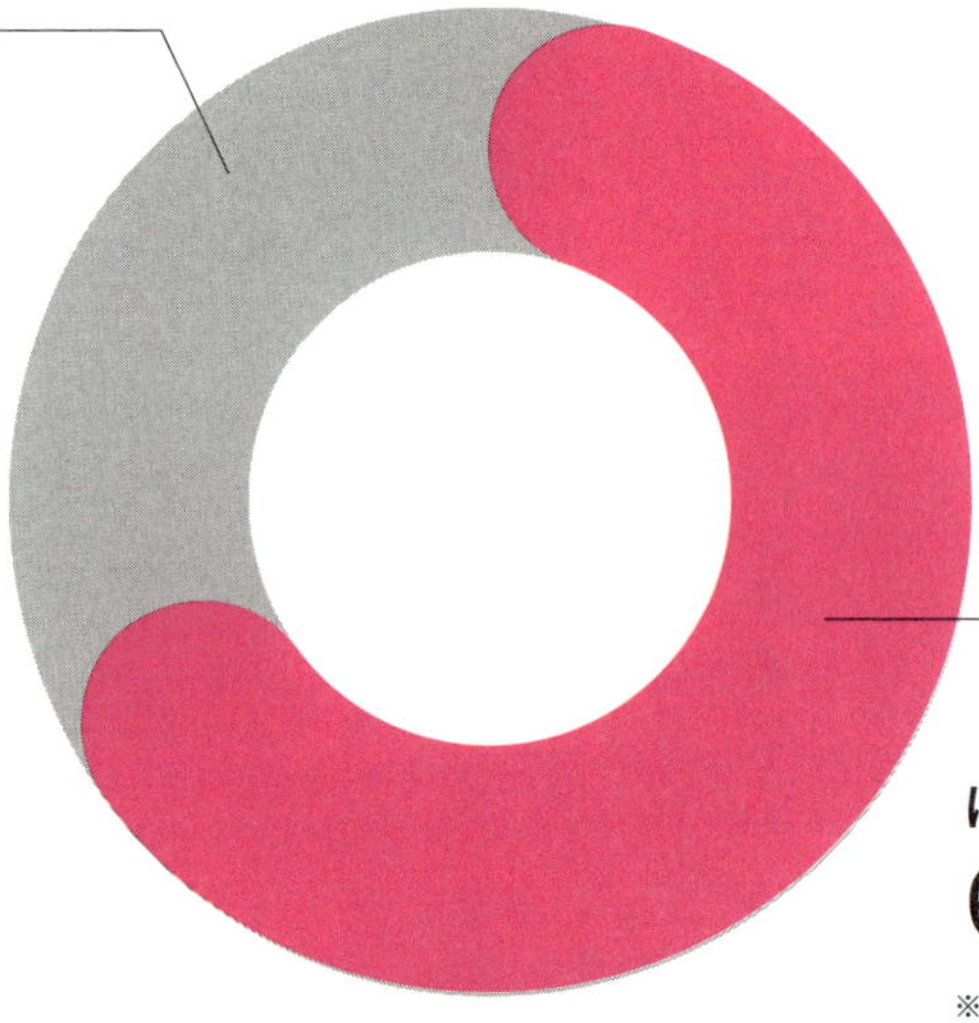

※アンケートは30~45歳の日本全国のワーキングマザーを対象にDomani編集部が質問。調査設問数10問、調査回収人数110名。

これってこういうこと！

恋愛に限らず、
すべての交友関係において
初対面が苦手！

出典：「あなたは人見知りですか？」を100人に調査！　克服する方法をチェック！／Domani

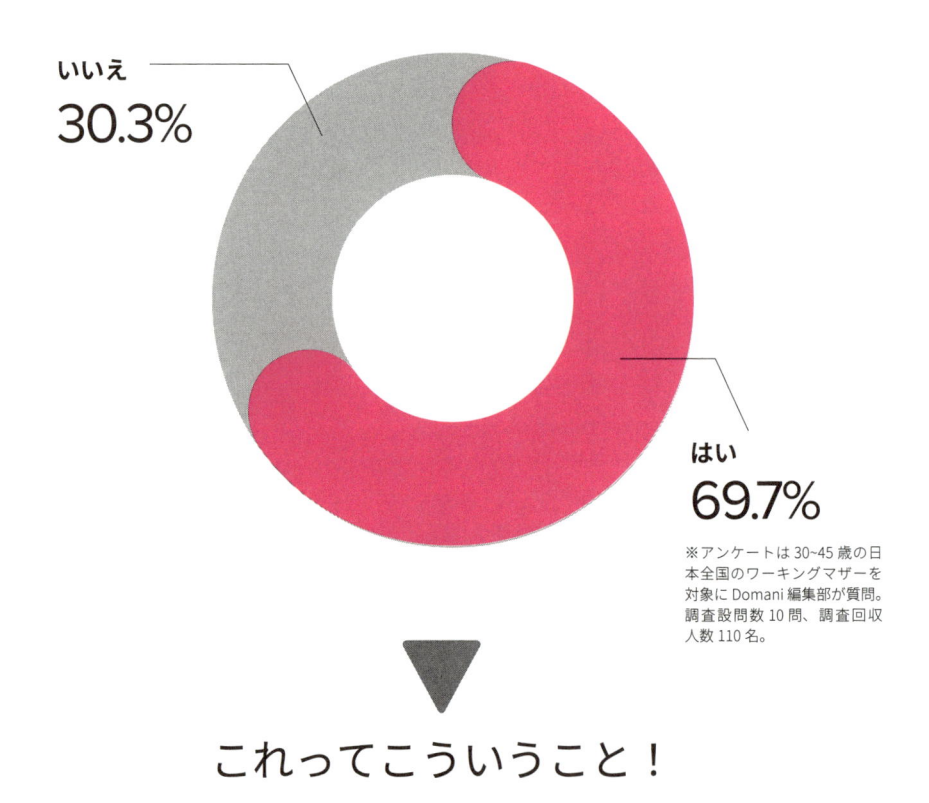

初対面の人と会うと緊張する、会話が苦手で続かない、何を話していいのかわからない、話しかけるのが難しい……。これらは、多くの「人見知り」が感じる共通の悩みです。

しかし一方で、自分の消極的な行動やコミュニケーション不足を正当化するための言いわけに「人見知り」を使う、自称「人見知り」の人もいます。これでは人間関係を構築するスキルを磨くチャンスを自ら閉ざすことになってしまいます。

初対面が苦手な人ほど、出会いのスキルは磨きやすい！

人との出会いって、本来なら緊張の連続です。

「何を話していいかわからない……」
「相手の反応が読めなくて不安……」
「途中で会話が途切れそうで怖い……」

でも、マッチングアプリの出会いは違います。

それは、まるでコミュニケーションの「練習場」。

しかも、あなたのペースで進められる「練習場」です。

初対面のコミュニケーションが苦手な人こそ、マッチングアプリは強力な味方になってくれるのです。

なぜなら、

1 ― 相手のことを事前に知ることができる

趣味、休日の過ごし方、仕事への思い。プロフィールを通して、その人の「予習」をする感覚で、相手の情報を事前に知ることができます。

「この人、私と同じ映画が好きなんだ！」などと共通点を見つけやすいのも特徴です。

2 ― あらかじめ、プロフィールを

用意しておくことができる

プロフィール作りを通して自分の魅力を言葉にする練習があらかじめ、できます。

3 ― メッセージで、コミュニケーションを重ねられる

「話すのは苦手」という人も、メッセージのやりとりなら自分のペースでできます。相手の価値観や考え方を知り、自分の思いも整理して伝えられます。

4 ― 実際に会う前に、お互いを理解できる

「恋人募集」「友達から」など、求める関係性を最初から明確にしておけば、価値観や相性をある程度確認してから会えるので、ムダな出会いを避けることができます。

「段階的に相手を知る」「自分を表現する練習」の場と心得よ

つまり、マッチングアプリは「段階的に相手を知る」ことができ、同時に「自分を表現する練習」もできる場所なのです。

これって、まさに「出会いの筋トレ」。

コミュニケーション力も、筋トレ同様、練習で必ず伸びるのです。

- **自分の考えや気持ちを言葉にする力**
- **相手の話から本当の思いを読み取る力**
- **共通点を見つけて会話を広げる力**
- **自然に質問ができる力**

これらのスキルは、恋愛だけでなく、ビジネスや普段の人間関係でも必ず生きてきます。

本書では、このような「出会いのスキル」を、具体的な方法を挙げながらお伝えしていきます。

プロフィールの作り方、メッセージの組み立て方、実際に会うときの心構えまで。あなたの成長をサポートする「コミュニケーション・レッスン」の教科書です。

マッチングアプリは、単なる出会いのツールではありません。

それは、あなたの人間関係を豊かにする「学び場」であり、コミュニケーション力を育てる「練習場」なのです。

さあ、新しい出会いを通して、自分自身の可能性を広げていきましょう。

あなたの人生をますます豊かにする扉が開かれるはずです。

tinder 公式
初対面に強くなる

contents

Prologue

CHAPTER 1 初対面に強くなると、恋愛でもビジネスでも武器になる！ 33

CHAPTER 2 学校では教えてくれない オンラインでの出会い方 95

CHAPTER 3 Dating Wellness 傷つかないで出会う Tinder 式マインドセット 204

CHAPTER 1

初対面に強くなると、恋愛でもビジネスでも武器になる！

1

「いい人がいれば付き合いたい」の、〝いい人〟って？

このセクションでわかること

- 自分が本当に求めている相手像が明確になる！
- ただの「いい人」探しから、具体的な基準を持った出会いへと変わる
- 漠然とした理想像が、現実的な判断基準に変わる

「いい人」の基準は、人それぞれ

自分にとっての「いい人」。
それがどんな人か即答できますか？

序章で紹介した出会いの目的の中で、「いい人がいれば付き合いたい」と思っている人が多くいる結果をお伝えしましたが、「いい人」の基準や解釈は個々によって大きく違います。

アプリで知り合おうがリアルで知り合おうが、大切なのは、「自分にとってのいい人」の判断基準があるかどうか。

そのものさしを持たずに、漠然と「いい人」を探してもなかなか見つからないのは至極当然ともいえるのです。

あなたにとっての「いい人」ってどんな人？

「いい人」の解釈は人それぞれ。

学歴や職業などの社会的地位を重視する人もいれば、性格の相性や価値観を重視する人もいます。まずは自分にとっての「いい人」とはどんな人かを棚卸しする。ここが肝心です。

主なポイントは、次の5つです。

1

自分の価値観を明確にする

まずは、自分が日ごろ何を大切にして人と接しているか、あるいは、自分にとってどのような行動や思考が重要なのかをリストアップします。このプロセスにより、自身の内面を深く掘り下げ、価値観を探るヒントにできます。

価値観って、どう見つける?

Q

友人と食事に行くとき、あなたは「お店の雰囲気」と「料理の味」、どちらを重視しますか?

A

日常生活における様々な選択の中には、価値観のヒントが隠れているといえます。

「雰囲気の良い空間で、ゆっくり会話を楽しめる」ことを重視する人は、人間関係においても「相手と過ごす時間や空間の質」に価値を見いだし、「料理の味にこだわりたい」人は、「物事の本質や中身」を重視する価値観の持ち主かもしれません。
一日の中で選択している場面は、実はたくさんあります。自分のこだわりや価値観に気づく、ひいては、自分にとっての「いい人」を自覚するきっかけになることがあるので、何げなくふだん選択していることを気にしてみてください。

2

これまで築いた人間関係から、見えてくる価値観を洗い出してみる

人間関係の中で、良い関係だと思える人をピックアップし、その人との関係で何が良かったのかを考えるのも、「自分にとってのいい人」を明確にする上で有効です。

Q

良い関係だと思う人との印象深い出来事は？

周囲にいる「この人といると安心する」「長く付き合っていける」と感じる人は誰ですか？　どんなときにそれを感じましたか？

A

【困ったときに助けてくれた先輩】(一例)

電車が止まって途方に暮れていたとき、たまたま連絡をくれた先輩が、車を出して自宅まで送ってくれた。「どうせ同じ方向だから」とさりげない気遣いにもしびれた。

このように、どんな人がいい人だったのか具体的に考えていくと、「困っている人を助ける人、相手の心情を察する繊細な人は自分にとって『いい人』のひとつかもしれない」などと、自分にとっての「いい人」像の解像度は上がっていきます。

③ 「いい人」の特徴をリストアップする

①や②をもとに、自分の考える「いい人」の具体的な特徴をリストアップします。こんな感じです。

信頼

● 約束を守る

- ウソをつかない
- 言動に一貫性がある
- 秘密を漏らさない
- 困ったときに頼れる

思いやり

- 相手の気持ちを考えて行動する
- 困っている人を放っておけない
- 相手の話をじっくり聞ける
- 批判や非難を避ける
- さりげない気遣いができる

コミュニケーション

- 自分の考えを明確に伝えられる
- 相手の意見も柔軟に受け入れる
- 会話が途切れない
- 冗談が言い合える
- 場の空気を読める

向上心

- 常に新しいことを学ぼうとする
- 反省し、改善できる
- 建設的な意見を出せる
- 目標に向かって努力している

精神的な安定性

- 感情的になりすぎない
- ストレスに強い
- 物事を前向きに捉える
- 自己コントロールができる
- 周りに流されすぎない

これらはあくまで一例ですが、こうして分類・整理することで、自分にとっての「いい人」像はくっきりと浮かび上がってきます。

4

「苦手な人」の特徴も洗い出す

同時に、自分にとって「苦手な人」の特徴をおさえておくのも、価値観を知る大きな手掛かりになります。

Q

あなたが「この人とは合わないな」と感じるのはどんな人ですか？

A

会議で意見を出すと、「それは無理だよ」とまず否定から入る上司。肯定ではなく否定から入り、他者の意見を尊重せず良いところを見ようとしない人と接していると、やる気が失せて暗い気持ちになってしまう。

「苦手な人」の特徴を知ると、その対極にある自分の求める「いい人」像が、「相手の肯定的な面を見つけられる人」だと浮き彫りになることがあります。

これら1～4をおさえておけば、自分にとっての価値観をある程度明確にできるはずです。

5

定期的にアップデートを行う

①〜④で洗い出した「いい人」像は、自分を取り巻く環境、状況によっても変わる可能性があります。

「優しいいい人がいい人の絶対条件だと思っていたけど、優柔不断と紙一重だった。優しいだけではなく、決断力もある人の方が自分には合っている」

などと気づいたら、その時点で自分の中にある「いい人」像をアップデートできます。

「いかに相手に選ばれるか」から「いかに自分が選ぶか」へ

自分にとっての「いい人」像の解像度を上げていくことは、自分にとって本当に大切にしているものが何か、ひいては自分自身の幸せとは何かを掘り下げていくことにつながります。自分にとって価値のある人間関係を築くためにも、折を見て内面的な棚卸しをしていくとよいでしょう。

「いい人」像が明確になると、初対面の相手に対して求めるものが明確になるだけでなく、「いかに相手に選ばれるか」から「いかに自分が選ぶか」という視点にスイッチを切り替えることができます。

2

あなたは自分の価値を、伝えられる？

このセクションでわかること

- 自分の強みを相手にわかりやすく伝えられるようになる！
- 初対面での自己紹介が印象的になり、相手の興味を引きやすくなる
- 自分の価値を再発見し、自信を持って人と出会えるようになる

あなたは、相手に何を提供できますか

就職活動では、給与、ボーナス、休日、福利厚生など、企業から得たい情報は山ほどあります。ならば、自分は企業に対して何が提供できるのか。その価値をはっきりと伝えられる人は

どれだけいるでしょうか。

この問いは、初対面の出会いにも置き換えられます。

あなた自身は、相手に何を提供できますか。

前項で、「いい人」を見極める基準についてお伝えしましたが、相手に何を求めるかを明確にしたあとは、「私にはこれがあります！」と自分が相手に提供できるものを明確にしておくことも大切です。それは、自分が相手にどう見られたいのか、すなわち、「自分自身をどのようにセルフ・ラベリングするか」を考えることにもつながります。

なぜ、セルフ・ラベリングするのか

「あなたは、どんな人ですか」

こう聞かれて、なんて答えますか。

「私は、明るい人です」

これでは断片的で、その人の特徴をまるごと言い表しているとは言えません。

では、次のような答え方ならどうでしょう?

「私は〝人の可能性を引き出すコーチタイプ〟です。仕事でも友人関係でも相手の話をじっくり聞き、その人が持つ力を引き出すことに喜びを感じます」


その人の特徴と具体的な価値が伝わってきませんか。

これがまさに自分自身の価値を言語化する醍醐味です。

自分が相手とどんな関わり方ができるのか。

どんな場面で力を発揮できるのか。

何を大切にしているのか。


セルフ・ラベリングは、こうした自分の価値を相手にわかりやすく伝えるための「パッケージング」といえるのです。

自分のパッケージングを工夫する

自分の価値を知ってもらうパッケージ作りには、まずは自分自身を知ることから始めます。

百聞は一見にしかず。周りの人に聞いてみましょう。

例えば、こんな意見が挙がったとします。

職場の同僚の評価

「新規プロジェクトに真っ先に手を挙げる」
「前例のない課題にも積極的に取り組む」
「失敗を恐れずにチャレンジする姿勢がある」

友人からの評価

「週末は新しいお店や場所をよく開拓している」
「趣味も次々と新しいことに挑戦している」
「誘われた企画は絶対に断らない」

家族からの評価

「子供のころから何でも自分でやりたがった」
「失敗しても諦めずに何度でも挑戦する」
「いつも新しい目標を持っている」

こうして集めた他者からの意見を整理すると、意外な自分の特徴に気づくことがあります。

ただし、この段階では「他者から見た自分」の断片的な特徴が見えているだけです。ここから、自分の本質的な強みを見いだしてセルフ・ラベリングしていきます。

例えば、こんなイメージです。

「挑戦好きな行動派フロンティア」

「失敗を恐れずにチャレンジする姿勢がある」
「趣味も次々と新しいことに挑戦している」

などの「挑戦」というキーワードと、「新規プロジェクトに真っ先に手を挙げる」「週末は新しいお店や場所をよく開拓している」から「行動派」というキーワードが出てきたため、これらを組み合わせています。

他者の評価をもとに、自分の価値を再定義する

このように、他者からの客観的な評価を土台にしながら、最終的には自分で自分の価値を再定義し、魅力的なセルフ・ラベリングとして表現していきます。これにより、自分らしさを織り交ぜながらも、相手に伝わりやすいパッケージが実現するのです。

セルフ・ラベリングの過程で自分の内面に深く目を向け、自分が本当に大切にしていることを明らかにすることは、自分をどのように見せたいのかを考えることにもつながっていきます。

内観を深める作業は、求める出会いを効率よく見つけることにも直結します。お互いのニーズと期待が明確になるので、価値観や目指す関係性を共有することにつながり、より充実した関係を築くことができるのです。アプリの出会いは多種多様だからこそ、「初手」の言語化が肝心なのです。

自分の価値の言語化は変化に応じて、柔軟に変換を

セルフ・ラベリングは、自分が成長し、変化するにつれてどんどん変わっていくものです。新しい興味や強みが発見されたり、以前は気づかなかった弱みが明らかになるかもしれません。その都度、進化します。

ライフステージの変化も自分自身のアップデートに影響を与えます。学生時代に感じていた自分像が、社会人になる、結婚するなどして、新しい人生のステージに入ったときに変わるのは自然なことです。自分が何を大切にし、何を求め、何を提供できるのか。人生の各段階で自分の在り方を含めて点検し、適宜、セルフ・ラベリングも貼り換えていきましょう。

3

〈体裁〉こそが、人生におけるチャンスロス

このセクションでわかること

- 出会い方にとらわれず、本質的な関係作りに集中できるようになる
- アプリでの出会いに対する不安や偏見から解放される
- より広い可能性の中から、自分に合った出会いを選べるようになる

いまだに「アプリなんて怪しいもの」という周囲の意見はあるけれど……

「アプリを使ってまで出会うのはちょっと……」
こんな意見が気になったことはありませんか？

出会いに必死感を出したくない！

「友達がほしい」人も「恋人がほしい」人も、そこまで必死になって出会いを探さなきゃいけないほど寂しい人と思われたくないという「周囲の目」を気にする人は多いです。

「恋人がほしい」人の中には、「マッチングアプリで出会ったなんて言ったら、マッチングアプリを知らない親や祖父母の世代に理解されにくい」と気をもむ人もいるでしょう。「そんな怪しいもので出会って大丈夫なの？」と心配するその一言に傷つく人もいるかもしれません。

マッチングアプリで出会ったというより、大学の同級生でそこから交際に発展したなどという方が、体裁がいいと考える人は令和の時代でも多いです。

アプリは不自然、リアルは自然。それ、ホント？

しかし、ここで立ち止まって考えてみましょう。

マッチングアプリで知り合う人と、大学で出会う人。

この2つの違いは、単にどう出会ったか。その「出会い方」だけです。

にもかかわらず、大学で知り合った出会いの方が体裁がよくて「なんかいい」ように感じるのは、〝自然な出会い〟というイメージがあるからです。実は、「最初は友達の彼女だったけど、相談にのってるうちに付き合うことになった」などの表には出せないビハインドストーリーがあったとしても、それは意図的に抹消されるのです。

一方、アプリに対して〝不自然〟なイメージを抱く人が多いのは、プロフィールをもとに相手を選ぶ、ある種の計画性のようなものが影響しているのかもしれません。

しかしながら、アプリは多種多様な出会いのひとつ、単なるツールに過ぎません。体裁にとらわれすぎると、自身の可能性を狭め、本当に価値のある出会いを逃してしまいます。

アプリだからこその多様性のある出会い

アプリの出会いは、使い方次第では、自分の生活圏外の人と出会える大きな可能性を秘めたツールです。

ＩＴ企業で働く人がパティシエと出会うことで、全く新しい視点や価値観に触れることができたり、神奈川在住の人が千葉在住の人と知り合い、それぞれ新しい街の魅力を教えてもらうなど、チャンスを上手に活用して、自分にとって価値ある出会いに結びつけている人がいるのもまた事実です。

アプリだろうがリアルな出会いだろうが、肝心なのは出会い方よりも、その後の関係性の構築です。

アプリで知り合った２人が、写真撮影という共通の趣味を通じて絆を深め、休日には一緒に撮影スポットを巡る仲に。その過程で価値観の違いも確認でき、お互いを認めながら理解し合える関係に発展する。このように、自分にとって価値があると思える人を選び、その人と心から満足できる関係性を築く重要性は、アプリでもリアルでも何ら変わりません。

体裁は、「自分にとっての本当の幸せ」を見失わせることがある

学歴、年収、職業などの体裁についても同様です。自分にとっ

て譲れない条件のひとつになるのは構いませんが、当然ながらその人が持つ人間性とは別の話。学歴や収入が高くても心が通わない関係もあり、幸せの保証になるとは限りません。人によっては、笑いのツボが一緒の方が、ずっと豊かで幸せで計り知れない価値があると感じます。

これらについて改めて考える意味でも、35ページでもお伝えした通り、「自分にとってのいい人はどんな人か」を洗い出すのは有効です。世間や親兄弟、友達が「いい」という「いい人」ではなく、自分にとっての「いい人」の基準は何なのか。相手に何を求め、どんな関係性を築きたいのか。ここを突き詰めると、自分が何を大事にしているのか、譲れないものは何か、好きなものは何かが浮き彫りになります。自分はどう生きたいのか、どうありたいのかも見えてくるはずです。

体裁にこだわりすぎると、自分自身が本当に求めている幸せや満足感を見失う可能性があります。逆に言えば、ここが明確になれば、自分の欲しいものが明確になり、初対面の出会いにおいて迷うことなく自らが相手を見極め、選ぶことができるのです。

4

〝運命の出会い待ち〟は、時間のムダ

このセクションでわかること

- 受け身の姿勢が幸せを遠ざけている理由がわかる
- 行動しない背景にある本当の心理が理解できる
- 具体的な行動のきっかけが見つかる

理想にこだわるあまり、現実的な出会いのチャンスを逃してる？

私の swipe story

「あの、それ僕のカフェラテなんですけど……」

声をかけられて振り返った瞬間、息をのんだ。

背が高く姿勢のよい、優しい眼差しの青年。まるで、今、ハマっている韓国ドラマから抜け出てきたような彼が、ちょっと困ったような笑顔を浮かべてこちらを見ている。

(え。ここから唐突に私の運命の物語は始まるの?)

「え? あ! すみません!」

そう言って深々と頭を下げてそそくさと出て行くのが精いっぱい。

手にしたカフェラテを見つめながら、ため息をついた。

「現実は、ドラマみたいにはいくわけないよね〜」

週末、親友とランチをしながら、カフェのひとときの話をした。

「運命の出会いってそうそうないよねぇ」

親友は、静かにスマホを取り出した。

「ねぇ、私はマッチングアプリで出会ったでしょ? 最初は『アプリの出会いなんて、どうせろくなもんじゃない』って思ったし、現に3回デートして失敗しちゃった。でも今は、やってよかったと思ってるよ。就活と同じでさ、自分から動いて、いろんな人に会って、話して、そうやって積極的に行動する中でこそ、運命の相手に出会えるチャンスが増えるんじゃないかな」

就活と同じ……確かに。

帰り道、スマホを取り出し、ためらいがちに、3ヶ月放置状態だったマッチングアプリにアクセスしてみた。

(待ってるだけが運命じゃない。自分で見つけに行くことこそ、運命なのかもしれない)

すると、画面上に、カフェで声をかけられた韓国ドラマから抜け出てきたようなあの彼がいた。

「運命の物語」は、始まったばかりなのかもしれない。


図書館にて。

目当ての本を手に取ろうとしたら、誰かがそれを取ろうとして手と手が触れ合った。思わず、見つめ合う2人……。

小説やドラマにありそうな日常に潜む予測不能な運命的な出会いがしたい。私にも、いつかこんな王子様が現れるかも……。

そんな〝セレンディピティ(思いもよらない偶然がもたらす幸運や発見)〟に憧れ、白馬の王子様(または深窓の令嬢)が現れるのを待っている人は少なからずいます。しかし、終始受け身の姿勢でいるのは出会いの機会に制限をかけることになり、人生を豊かにするチャンスを自ら逃してしまうかもしれません。

「20代の頃は『絶対イケメンじゃないとダメ』『年収1000万円以上は譲れない』って思ってたけど、気づいたら周りはみんな結婚して、休日に誘う友達もいなくなっちゃった」

40代・Aさん

「昔から『運命の出会い』を信じてドラマのような出会いを待っていました。でも、実際そんな機会なんてない。職場は同性ばかりだし、休日は1人暮らしの部屋でゲーム三昧で……。出会いどころか異性とまともに話す機会すら減ってるような」

30代・Tさん

このように、理想にこだわるあまり現実的な出会いのチャンスを逃し続けたり、待っているだけで具体的な行動を起こさないまま時間が過ぎてしまうケースは少なくありません。

気づいた頃には、白馬の王子様を待ってくすぶっている、〝白馬くすぶり〟状態になっていることは十分に考えられます。

「出会いすらない」と嘆く人ほど行動していない

「私には、出会いすらない」と、自分は負け組かのように嘆いている人ほど、実は、何も行動していなかったということはよくあります。

現実は、小説やドラマのようには進みません。図書館で手と手が触れ合ったら警戒する人も多いでしょうし、カフェのコーヒーを取り違えられたら相手はムッとするだけかもしれません。

理想と現実のギャップに直面してもなお行動しない背景には、「自分の価値は高いはずだ（高くあってほしい）」という思い込みがあり、それが崩れる恐怖があるのです。

だから、そういう人たちは友達から「マッチングアプリは、意外とちゃんとした人多いよ」と勧められたとしても、プライドが許さずにやらないまま。自分の価値を下げそうな行為は極力避けたいという心理が働くのです。

出会いをつかみにいく人は、自らの人生を切り開く覚悟のある人

そもそも出会いは、自らつかみにいくもの。

少なくともそういう気概のある人は、「実は、新しい出会いをすごい探しててさ」と、自分の目標を周りに掲げてアピールしますし、マッチングアプリも積極的に活用するなど、自らの出会い探しに余念がありません。

「運命の出会い待ち」の人が何もしない間に、果敢に行動し、その時間は自分を成長させる大切なプロセスと捉え、すべての出会いを自らの肥やしにしているのです。

結果、アプリの出会いだけでなく、趣味のサークルに参加したり、ボランティア活動を始めたりするなど必然的に行動範囲も広がり、共通の関心を持つ人々と出会い、新たなつながりを築くといったことがありえます。

不意に訪れる出会いにも心を開いている状態なので、運命的

な出会いを果たす確率もアップします。

出会いをつかみにいく人は、自分の人生を切り開く勇気のある人ともいえます。自分の人生なのだから、自分が動いて、幸せを自らがつかみとりにいく。覚悟を決めた人は、出会いに必要以上に臆病にならず、初対面の相手だろうが果敢に挑んでいけるのです。

5

出会いは〝期待値コントロール〟が大事

このセクションでわかること

- 初対面の緊張を和らげるコツがわかる
- 相手との関係作りが自然にできるようになる
- 完璧を求めすぎない心の持ち方が身につく

なぜ、コンビニでの会話は緊張しない？

初対面での出会いは、程度の差はあれ誰しも緊張や不安を伴うものです。特に会話が苦手と感じている人にとって、新しい人との出会いはいっそうの挑戦となります。

しかしながら、コンビニに行ったとき、店員さんとの会話で「緊張してうまくしゃべれないかも」と不安になる人はあまりいませんよね。その理由は明白です。自分の欲しいもの（商品）と相手が与えてくれるもの（会計行為）が明確だからです。何がほしいか、どうやって支払うかがはっきりしており、それに関する話だけすればいいのがわかっているから、双方が安心して対応できるのです。

期待値を設定すれば、会話は自然に広がる

初対面の出会いもこの考え方がヒントになります。

相手とどういった交流を望んでいるのか、どのような関係を築きたいのかを自分自身の中で明確にしておく。すなわち、「出会いに対する期待値」を設定しておくのです。

「出会いに対する期待値」とは、新しい人との出会いや関係を

始める際に、自分自身がその関係から何を期待しているか、どのような結果を望んでいるかという心の設定を指します。友達になりたいのか、恋愛関係になりたいのか、ビジネスパートナーになりたいのか。その人とどのような関係を築きたいのかを明確にしておけば、その範疇においてどういった会話をすべきかが見えてきます。

例えば、映画好きの友達がほしい場合、相手に対する期待値、会話の内容などは以下の通りです。

映画好きの友達がほしい場合

- **相手に対する期待値：映画の話で盛り上がれる友人関係**
- **会話内容：最近見た映画の感想、おすすめの作品**
- **安心ポイント：映画という共通の話題があれば、テリトリー内の会話なので緊張しにくい**

他の映画の話になっても、自分のテリトリー内の話ですから、不意打ちをくらうことに過度におびえる必要もありません。双方にとって会話のハードルが下がるので、より自然に相手と接することができます。

小さなミスはお互いさま 完璧を求めすぎない

「出会いに対する期待値」を設定しておくと、緊張や不安は最小限で会話することができますが、それでも、「もっとうまく話せたかもしれない」「相手にどう思われたかな?」などと細かなことが気になってしまう人はいます。

「初対面の人と映画の話をしていて、作品名を間違えてしまって気まずくなりました。でも相手が『私も似たような映画と混同することあります!』と笑って切り返してくれて、そこから会話が弾んで、今では一緒に映画を見に行く仲になりました」

27歳・Kさん

ここで肝心なのは、完璧を求めすぎないことです。会話中の小さな間違いや粗相が人間関係を大きく左右することはほとんどありません。相手も同じように気にしているかもしれません。誰しも完璧ではないのですから、もし会話が思うように進まなかったとしても、それは学びの機会と捉えればいいだけの話。小さなミスはお互いさま。さほど気にする必要はないのです。

相手を知る努力も大切

同時に、「相手を知ろう」と努力することも大切です。相手への興味を持つことは、会話を円滑に進める第一歩だからです。

共通の映画の話をしているとき、笑顔で話している、興味を持って質問してくるなど、会話中に相手が見せるポジティブな反応もたびたびうかがえるはずです。相手に興味があれば、そこに気づくし、こちらからも質問したくなります。これだけで、楽しい会話のラリーは続くのです。

相手に興味を持ち、理解しようとすることは信頼関係の構築に欠かせません。映画という共通の会話を通じて相手の好みや考え方、価値観を知ることができると、より深い理解とつながりが生まれます。相手がどんな映画を好むのか、なぜその映画を好むのかを知ることで、相手の人となりや背景にある感情や考えを理解できることもあります。

こうして「出会いの期待値」を設定し、「相手を知ろうとする」ことにより、自分の「期待値」をクリアした先の良好な関係が築けるはずです。

6

「攻め」は、最大の防御

このセクションでわかること

- 積極的な行動が自分を守ることにつながる理由
- 安全で快適な出会いのための具体的な方法
- 自分らしい出会いを実現するためのテクニック

マッチングアプリでは「攻め」が身を守る

初対面の出会いにおいて、特に、自分の生活圏内にいない多様な人と出会うチャンスが広がるマッチングアプリにおいては、「攻めの姿勢が、最大の防御になる」ことがあります。

どんなときに、「攻めが、防御になる」のか。

以下に、マッチングアプリにおいて、プロフィールを見たとき、やりとりを始めたとき、会うことになったとき、会ったあとのシーンに分けて、どんなことが攻めであり、防御になるのかについてお伝えします。

1

プロフィールチェックは入念に

マッチングアプリは、まだ見ぬ相手だからこそ、相手の趣味や興味、価値観や生活スタイル、写真の雰囲気をはじめ、相手のプロフィールや共通点を事前にチェックし、自分と相性が良さそうな相手を見極めます。

入念に情報を探る。

この行為そのものが、「攻め」の姿勢にほかなりません。なぜなら、不快な状況から自分の身を守るための戦略的な行動として機能するからです。

2

自ら積極的にメッセージを送る

マッチしたあとも、自分からはファースト・メッセージをしない人は多いですが、実は自らメッセージを送るのは、「攻め」

の姿勢でありながら「防御」になっているのです。

こちらからメッセージを送るというアクションは、自分の条件や期待値を相手に伝えることになり、境界線を明確にすることにつながります。

望ましい関係を築くためのやりとりに集中できるので、時間や感情のムダ遣いを防ぐのはもちろん、不快な状況から自分を守ることにもつながります。相手のスタンスがイマイチわからない場合なら、「何目的ですか?」とストレートに聞いてもいいのです。

③

会うときの主導権は自らが握る

メッセージのやりとりのあと、会うことになった。このとき、自らが待ち合わせの日時や場所を決める。これは、自分の安全を確保できる意味で最大の防御になります。

例えば、待ち合わせの場所は、公共の場所で昼間に会い、かつ、自分が知っているお店で会うなど、自分が安心できる日時を指定するのは、自らの安全を確保するだけでなく、不安や緊張を抑えることにつながるので、よりリラックスした状態で出会いに臨むことができます。

④

必要なら、きちんと断る

自らアクションを起こしたそのあと、相手に嫌われるのを恐れるあまり、あるいは、断れない心理が働き、惰性で関係を続け、結果、自分が真に求める出会いを逃してしまうことがあります。

しかし、相手との関係がうまくいかなければ、礼儀とリスペクトをもって関係を絶つのは決して悪いことではありません。自分と相手の大切な時間をムダにしないため、本当に合う人を見つけるための賢い方法なのです。

断ることは失礼なことではないのです。自ら断ることは、まだ見ぬ出会いへ突き進む原動力になると考えましょう。

7

とっておきの出会いをつかむ極意は、「ラリーを惜しむな！」

このセクションでわかること
- 会話を自然に広げるコツが身につく
- メッセージのやりとりが楽しくなる
- 相手のことを深く知るテクニックがわかる

プロフィールは会話のきっかけ作り、大事なのはその後

マッチングアプリの出会いは、利用目的やプロフィールなどを見て、自分に合う相手かどうかをある程度選別していきます。

ただしプロフィールは、あくまでも会話のきっかけを作るためのものに過ぎません。大事なのは、その後のやりとり。自分に合う人を見つけたいなら、その極意はずばり、「やりとりのラ

リーを惜しむな！」です。
例えば、旅行が好き、食べるのが好きという共通点のある2人がやりとりするとします。

A：「こんにちは！　プロフィールを見ました。旅行がお好きなんですね。最近、特に印象に残った旅行先はありますか？」

B：「こんにちは！　はい、旅行が大好きです。先月はベトナムのハノイに行って、ローカルフードを食べました」

A：「ハノイいいですよね。路地裏のフォー、私も忘れられなくて……」

B：「私も大好きです！　朝イチで食べるフォーが最高でした」

A：「朝食って大切ですよね。実は休日の朝食作りが趣味で……」

旅行↓食事↓料理の趣味と、自然に会話が発展しているのがわかります。

新たな旅行先の話、旅先での食事の話などが続けば、趣味に関する情報を共有しながらお互いを知っていくことができます。

食事の話から派生して、好きな料理のジャンルは何か、おすすめのお店はあるのか、自炊はするのかなどの話までラリーが広がれば、お互いの価値観をつかむことができ、つながりを深めていくことができます。

ラリーが続かない？　諦めないで！

マッチングアプリのメッセージでやりとりをしている段階では、リアルで顔を合わせて直接会話するようなプレッシャーはありません。

返信に時間をかけて考えられますし、過去のメッセージの履歴もあるのでそれを見ながら会話の流れが途切れないようにすることもできます。

そもそも、プロフィールを通じて「共通の趣味や興味を持つ人」

と認識しているため、話題を見つけやすいのです。そう考えると、マッチングアプリの出会いは、会話のラリーが続きやすい土壌が整っているといえるのです。

にもかかわらず、ラリーが続かない、会話が弾まないまま終わってしまう人がいるのは、会話を続けるための意識や技術が足りないことに原因があります。

といっても、次のポイントをおさえれば難しい話ではありません。

1

相手を知りたい気持ちをもつ

相手を知りたい気持ちがあれば、相手の話したことに対して自然に興味が湧きます。「それは面白いですね、もっと教えてください！」と適切に対応し会話に深みを持たせたり、「もしかしたら、あなたは〇〇にも興味がありますか？」と別の話題にふることで、自然な形でラリーを続けることができます。趣味を聞いたものの、自分の中にその引き出しはないな～と思ったときは、魔法のキーワード「教えてください」を使ってみましょう。

会話を広げる質問例

趣味の話から

「なぜその趣味に興味を持ったのですか？」

「休日はどんなふうに過ごしていますか？」

「お気に入りスポットはありますか？」

仕事の話から

「どんなところにやりがいを感じていますか？」

「将来はどんなことに挑戦したいですか？」

「仕事と趣味のバランスは？」


ただし、条件のチェックリストを埋めるかのように質問を投げかけるだけでは、まるで尋問のよう。それでは相手の心を開くのは難しいでしょう。大切なのは、その人らしさや魅力を発見しようとする姿勢なのです。

「以前、『結婚相手としての条件を確認する』感覚で質問されたことがあり、面接されているみたいな気分になったことがあったんです。なので私自身も、相手に何か質問するときは、『この人のことをもっと知りたい』という気持ちで聞くようにしています。小さな心がけですが、以後、自然と会話が弾むことが多くなりました」

33歳・Yさん

相手の答えを聞きながら、その背景にある考え方や価値観に興味をもつ。「この人はなぜそう考えるんだろう」「どんな経験があってそう思うようになったんだろう」という好奇心を持って接することで、質問は単なる情報収集ではなく、相手を理解するための自然な対話になっていくのです。

2 相手を知るにはある程度の時間がかかるという認識をもつ

はじめてのメッセージからすぐに深い関係になるわけではな

いので、相手からの返事が遅くても、焦らずじっくりとお互いを知ればいいという気持ちも大切です。

自分は即返信するタイプでも、相手はある程度熟考してから返信したいタイプかもしれません。お互いにとって心地よいペースでラリーを続けていくことが、良い関係を築くための秘訣のひとつといえます。

8

漠然とした恐怖心ほど、出会いを遠ざける

このセクションでわかること

- マッチングアプリへの不安を軽減できる
- 安全に使うための具体的な方法がわかる
- 自分に合った安全対策が立てられる

なぜ、「なんか怖い」と感じるのか

「周りもやっているし興味はあるけど、なんか怖い」

そんな理由でマッチングアプリを敬遠する人は多いです。

日本は1990年代後半から2000年代はじめにかけてネットの普及とともに援助交際が社会問題化。出会い系サイト＝援交の温床というネガティブなイメージが定着し、犯罪に巻き込まれるケースも増加しました。

現在は、社会的認知の変化、利用者自身の意識が向上したことによりスティグマの強さは軽減され、身近なコミュニケーションツールとして活用する人は増えました。

それでもなお、「なんか怖い」と思う人がいる。その要因のひとつは、「この人はどんな人なのか？」を事実ベースで把握することがリアルでの出会いよりも難しい点が挙げられます。

しかしながら興味深いのは、実際にアプリを使用していない人ほど、「やったら痛い目に遭う」と決めつけている事実です。未知との遭遇で警戒心を抱くのは当然で、マッチングアプリを題材にした漫画はネガティブなものもありますし、報道されるアプリ関連のニュースは事件が目につきます。脳内でリスクが過大評価されている中で、「体目的の人がいっぱいいいる（ヤリ目だらけ）」「独身と言っていたくせに、会ったら既婚者だった」などのウワサが耳に入れば「なんか怖い」に拍車がかかり、「やっぱり怖いもの」と結論づけてしまうのです。

自分なりのガイドラインを作っておく

マッチングアプリの出会いは、

- **共通の知人がいない**
- **プロフィール情報が本当かどうかわからない**
- **リアルでの出会いより相手の情報が少ない**

などの理由から、「相手がどんな人か」という情報を得るソースが少ない。これは、警戒に値する十分な要因になります。

実際、残念ながら、セキュリティをかいくぐって紛れ込む悪質なユーザーがいることも事実です。しかしながら、それを避ける方法はいくらでもあるのです。

アプリを活用している人に過度に怖がる人が少ないのは、使っていくうちにコツがわかり、自分なりのガイドラインもできるからです。

自分なりのガイドラインとは、以下のようなことを指します。

1

プロフィールに書かれた情報に違和感がないかチェックする

プロフィールに書かれた情報に矛盾点や不自然な点がないかチェックし、マッチしたあとでやりとりをした際に、言動に不快感があったり、何かがおかしいと感じたら、その直感は大切にします。

相手が自分に伝えている情報が必ずしも正しいとは限らないことを見極めるのは難しいですが、やりとりをしている中で、年齢や職業が会話の中で微妙に変わったり、「趣味は読書」のはずなのにどんな本を読むのか聞いても明確な答えが返ってこないといったことが起これば、それは、「ちょっとした違和感」に結びつきます。

違和感が膨らみ警鐘に至るラインは人それぞれ違いますが、「2回同じような違和感があったら、連絡は絶つ」など自分なりに線引きすればいいだけの話です。

プロフィールのチェックポイント

- 年齢や職業の説明に矛盾がないか
- 趣味や関心事が具体的に語れるか
- 写真は自然なものか

②
「3回までは公共の場所で会う」など自分ルールを決める

いざ、会うことになったときも、3回までは昼間、公共の場所で会うようにする、友人に行き先を教えておくなど、身の安全を確保するための具体的な対策を自らしておきます。

こうして自分なりのガイドラインをもって正しく利用すれば、過度に新しい出会いにおびえることなく、人生の可能性を広げてくれるツールになるといえます。

最初の3回は

- **昼間の時間帯に**
- **公共の場所で、カフェなど明るい店内で会う**
- **行き先を友人に伝えておく**

など、自分なりのルールを決めた上で、少しの勇気を出して未知への一歩を踏み出せば新しい出会いへの扉は開かれていきます。

9

「選ばれない私」との決別

このセクションでわかること

- マッチしないことへの向き合い方がわかる
- 自己評価を下げない考え方が身につく
- 前向きな出会いの姿勢が築ける

「選ばれなかった」は価値がないのではない

マッチングアプリの出会いは、マッチが成立しないとき、メッセージの返信がないとき、メッセージしたあと会話が途切れたとき、いざ会う段階になってキャンセルされたときなど様々な場面で、マッチしないまま終わってしまうことがあります。このとき、「選ばれなかった」と直結させ、傷ついてしまう人がいます。

「関係が発展するかもしれない」と淡い期待を抱いたときにぱったり連絡が途絶えたら、裏切られたような気持ちになり衝撃を受けてしまうのです。

「自分に問題があるのか」と原因探しする必要はない

他者から選ばれなかった事実は自己評価に直結し、「こんなに何人もの人から拒絶されるなんて、私に何か問題があるのかもしれない」と原因探しに奔走してしまう人もいます。自己評価を他人に委ねていると、他人の言動に必要以上に右往左往してしまうのです。

しかし、冷静に考えれば、「自分にとってのいい人」の基準が明確にある人は、それに照らし合わせて相手選びをしているだけです。その過程で、自分に合わない人が出てくるのは当たり前で、合わないと感じた時点で去っていくのは普通のことです。お互いがよりよい相手に出会うためにも、中途半端につながっているよりも見切りをつける方がはるかにいい。むしろ向こうから去った人は出会いの質を重視する誠実で健全な人だという見方だってできるのです。

自分自身も、「なんか違う」と思い、「選ばなかった」経験はあるはずです。お互いさまにもかかわらず、ひとたび相手から連絡が途絶えると、「そういうこともあるよね」とは割り切れなくなってしまうのです。

「最初は返信が来ないたびに『私に魅力がないからだ』『私には出会う資格もないんだ』といちいち落ち込んでいました。でも今は『お互いの求めているものが違っただけ』と考えられるようになって、心が楽になりました」

30代・Aさん

「選ばれなかった」という結果は、自分自身の価値とはまったく関係ありません。「選ばれなかったから、価値がない」のではなく、「選ばれなかったのは、単にお互いの価値観が合わなかっただけ」です。

「選ぶ私」になる！自分のために最善の選択をし続けよう

本来、出会いは自分のためにあるのです。

自分のためにいい出会いを探しに行き、自分のために合いそうな人を選んでいるのです。

その自覚がある人は、相手が去っても心を切り替えて、「はい、次！」と前を向けます。それは強い人だからなのではなく、「自分にとっていい人と出会っていい関係を築きたい」という目的意識がはっきりしているからなのです。

だから、「いいな」と思っている人が去ってしまったらもちろん残念ではあるけれど、自分のためにまた新たな出会いを探しに行くのが正しい選択なのです。

本書では何度も出てきますが、自分にとっていい人に出会うためには、自分が出会う相手に何を望んでいるのか、どのような人との関係を求めているのかを明確にしなければなりません。

自分の趣味、価値観、人生の目標などを洗い出し、同時に相手に求める「いい人」の基準を洗い出す。そして、マッチするときは、自分のために最善の選択をし続ける。この自覚があれば、うまくいかなかったときに過度に悲観することなく、次に進むことができ、その場数を踏めば、断られること、断ること双方に対して免疫もできます。

「以前は『選ばれたい』という気持ちが強くて、自分をとりつくろってしまっていました。でも今は『自分に合う人を探している』という意識で、むしろ積極的に選べるようになりました」

28歳・Kさん

これが、「選ばれる私」から「選ぶ私」へのマインドセットといえるのではないでしょうか。

10

何より大事なのは、「相手へのリスペクト」

このセクションでわかること

- 相手を大切に思う姿勢が身につく
- 関係を終える際の適切な方法がわかる
- 健全な出会いのための心構えが学べる

マッチングアプリの利用目的は、「恋人がほしい」「いい人がいれば付き合いたい」「暇つぶし」など、個々により温度差があります。真剣度の高い出会いを求める人もいれば、軽い気持ち、フレンドリーな感覚で出会いたい人もいますが、いずれの場合でも、「相手へのリスペクト」は必要不可欠です。

当然のことですが、マッチングアプリの画面の向こう側にいるのは生身の実在する人間です。

彼らには自分の人生、感情、そして出会いへの期待値があります。

プロフィールを見て、自分に合いそうな人をふるいにかけたあと、1対1のやりとりが始まりラリーが続いた時点でゆるやかなつながりは生まれるのです。相手をリスペクトし、それを基盤にしたコミュニケーションを意識することは、信頼関係の構築へとつながっていきます。

相手へのリスペクトは自分自身の精神的な成長にもつながる

丁寧な言葉遣いをする、相手の話に興味を持ち理解しようとするなど、人と人が関わるうえでの基本を意識するだけでも相手をリスペクトしていることは伝わります。

相手へのリスペクトを持ちながら接する姿勢は、自分自身の精神的な成長にもつながるため、マッチングアプリの枠を超えて、日常生活の中でもプラスに働くはずです。

また、相手へのリスペクトがあれば、相手の自分へのリスペクトの有無もよく見えます。やりとりをする中で、自分の話ばかりを一方的にする、自分の意見を押し付ける、こちらの意見は無視する、早い段階で個人的な連絡先を聞いてくるなど、自分にとってリスペクトに値しないと思える言動があったら、早い段階で、やりとりそのものを見直すことができます。

「自分には合わない」と思ってもリスペクトをもってさようなら

やりとりをする中で、「自分には合わない」と思った相手との関係をどう終わらせるかについてはデリケートな問題を含んでいます。

その対応は自分なりの正解を見つけていくべきことですが、やはりここでも相手へのリスペクトがあるほど、嫌な思いをして終わることは少なくなる可能性が高くなるのです。

例えば、次の文面を見てください。

A

価値観が合わないのでこれ以上の連絡は不要です。

B

あなたとの会話はとても楽しかったのですが、私たちが求めていることや期待する関係性とは少しギャップがあるように思いました。今後もお互いにとって素晴らしい出会いがあることを願っています。

明らかにBの方が相手に対するリスペクトがありますよね。
こうした配慮のあるメッセージを最後に1通送るのも、相手へのリスペクトを示すひとつの方法です。
これまでのやりとりに対する感謝と、やりとりをやめる理由などを丁寧に送って、自分の中で区切りをつける。このとき、相手が失礼な態度をとってきたら、それこそこちらへのリスペクトがないわけですから、「これでよかったんだ。もっと自分に合う人を探そう」と新たな気持ちになれるのではないでしょうか。

価値観や考え方の微妙なズレというのは、プロフィールだけではなかなか判断できません。リスペクトを持ってあるタイミングで関係を断つのは、さらなるよりよい出会いのため、お互いにとって必要なことと捉えられるのです。

一人ひとりが相手へのリスペクトを抱きながらマッチングアプリを活用すれば、世界は広がり、従来の出会いのプレッシャーから解放された楽しい日々が待っているはずです。

Tinderトレンド絵文字グローバルTOP5

1 ON

「新しい関係を始める準備ができている状態ですよ」という意味で、ONのアイコンが多く使われています。

2 お茶

シラフでのデートがトレンドとなり、アイコンはお酒からお茶へとシフト。

3 禅

グローバルでは、精神的健康、マインドフルネスのシンボルとして使われることが多い。

4 絆創膏

癒やしと回復を求めている人が多いことが伝わってくるアイコン。

5 花束

日本ではあまり見かけませんが、ロマンチックな感情を表現しています。

出典：「Year in Swipe 2023」

CHAPTER 2

学校では
教えてくれない
オンラインでの
出会い方

自分をいかに売り込むか、これはビジネスも同じ

このセクションでわかること

- プロフィール作成から実際の出会いまでの"戦略的"アプローチ
- 自己アピールのスキルをビジネスにも生かす方法
- オンライン上での効果的なコミュニケーション術

マッチングアプリの出会いは、

- **マッチするまでのプロフィール（自己紹介文＋写真）**
- **マッチした後の相手とのメッセージのやりとり**

実際に会ったときのコミュニケーション

というそれぞれの場面で、自分をいかに売り込むかについて、ある程度〝戦略〟をもって考えなくてはなりません。

マッチングアプリにおけるプロフィール作成は、マッチングに至るまでの唯一の判断材料になりますから、その中でいかに自分の魅力を最大限に見せるかが問われるのです。

自分をいかに売り込むか。魅力を最大限に見せるか。

まさにここが、ビジネスシーンでも大いに参考になります。

特に役立つのは、自己紹介やプレゼン用の資料作成時です。商品やサービスの特徴、利点だけでなく、自分や自分のチームがなぜその商品やサービスを提供しているのか、どのような付加価値を提供できるのかなどを簡潔かつ魅力的にアピールしていく必要があるからです。

マッチングアプリでは、マッチした後のメッセージのやりとりで、相手の人間性をある程度見極めていきます。

これは、ビジネスにおけるメールやチャットでのコミュニケーションに応用できます。相手へのリスペクトを持ちつつ、自分の意見や考えを明確に伝える能力が求められるからです。また、相手のメッセージに適切に反応してやりとりを続けることで信頼関係を築くことができます。

マッチングアプリでマッチした人と実際に会ったときは、相手の興味やニーズに合わせたコミュニケーション能力が求められます。これについても、プレゼンテーション時など、そのままビジネスシーンにあてはめることができます。

「はじめまして」の場数を踏むことはビジネスシーンで武器になる

また、マッチングアプリの出会いは、数多くの人とマッチしてやりとりすることがあります。

単純に場数を踏むことができ、その過程において、自分の振る舞いや会話でどんなときにより興味を持ってもらえたか、盛り上がったかなどのフィードバックを得ることができます。自分の心がけ次第で、自らの売り込み方をブラッシュアップしていくことができるのです。

マッチングアプリでは異なるバックグラウンドをもつ人々とのやりとりもできますから、これまでの自分の世界観を超えた価値観に触れることも、ビジネスにおいて、特に、チームマネジメントやプロジェクト運営で大きなプラスになるはずです。

さらに、マッチングアプリの出会いの中には、マッチした人と思うようにうまくいかずに終わることもあります。その経験から学ぶレジリエンス（回復力）や柔軟性なども、ビジネスにおいても役立つといえます。

マッチングアプリにおける3つのポイントをチェック！

ここからは、出会いにおいて分岐点となる

- **マッチするまでのプロフィール作成（自己紹介文＋写真）**
- **マッチしてからのメッセージのやりとり**
- **実際に、会ったときのコミュニケーション**

の3つに分け、それぞれでいかに自分を売り込むか、相手とコミュニケーションを図るかについてお伝えしていきます。たくさんの人との出会いとそこに至るまでの経験を、今日からのビジネスにもフルに生かしていきましょう。

「物語を紡ぐ」
長文プロフィール

「一瞬をキリトル」
短文プロフィール

あなたの魅力、
どう伝えますか？

プロフィールは自己表現の場と心得よ

マッチングアプリにおいてプロフィールは、自分を紹介し、興味を持ってもらうための唯一の手段です。自分にマッチするか判断するには、写真や自己紹介文という限られた情報量の中で判断するしかないからです。

実際の対面での出会いなら、表情や身ぶり手ぶり、目の動き、姿勢、声のトーンなど相手の態度や雰囲気がわかりますが、マッチングアプリではそこまでわかりません。

「マッチングアプリは、リアルではなかなか出会えない年齢や職業の方と知り合えるのが魅力ですが、半面、事前のプロフィールでジャッジするしかないので、もしかしたらリアルで会ったら良いなと思った人を見逃している可能性もあるかと思います」と言う人もいます。

プロフィールの情報とリアルで会ったときの自分の乖離をいかに埋めていくかを自分なりに考えておくことも大切です。

プロフィールはあなたの「洋服選び」と同じ

同時に、プロフィールでどんな自己紹介文を書くのか、どんな写真をアップするのかは、自分なりの〝戦略〟が必要になります。

自己紹介文は、自分の趣味、興味、人生で大切にしていることなどを長文でしっかりと書き込む人もいれば、スタンプのみしか押さない人もいるなど、個々によって、その表現方法は大きく異なります。

まさにここが自分なりの〝戦略〟で、それぞれのアプローチは、マッチングアプリを通してどのような関係を築きたいか、あるいは、個人の価値観に基づいて変わってきます。

結婚相手探しか、自分の交友関係では出会えなさそうな人とつながってみたいのか、自分に興味を持ってくれる人がどんな人かを知りたい興味本位か、出会いに求める目的は人それぞれです。

自分がどんな関係を求めているのかを明確にしたあとは、その自分が一番アピールできるやりかたを自分なりに模索し、プロフィールにまとめていきます。

マッチングアプリでのプロフィールは、「洋服選び」に似ています。どんな「洋服」を選ぶかは、「自分をどう見せるか」「どう見られたいか」を考えるのと同じこと。これによって、相手に与える印象が大きく変わってきます。

フォーマルな服を選んだ人は？

「ワインクラブの会で世界の珍しいワインを楽しんでいます」
「年に数回は海外のミシュランレストランを訪れるのが趣味です」

などと強調すると、お金に余裕がある生活を送っているとか、上質なものを好む人だというイメージを持たれやすい。すると、求める出会いも、お金に余裕がある、上質などの趣向に共感する相手になります。

ですから必然的にプロフィールは、「フォーマルな服」にふさわしい上質なものを楽しむライフスタイルを送る自分について、自己紹介文、写真などでアピールしていきます。

写真は、その自己紹介文に合わせ、著名なワイナリーでのショットや、エレガントなドレスを着たディナーの様子などを選ぶとプロフィール全体に統一感が出ます。

このように意図をもってプロフィールを構築していくことで、自分のありたい姿に関心をもつ人の気を引きます。

高級志向を前面に出すことで「親しみやすさに欠ける」と感じる人もいるかもしれませんが、それこそが、戦略。ラグジュアリー感を出したい人にとって親しみやすさはさほど必要ないものです。

「カジュアルな服」を選んだ人は？

一方、「カジュアルな服」を選んだ人は、おそらく自分の日常や趣味を親近感のある形で表現したいと考えていると思います。

「週末はよく公園でジョギングをしています」
「お気に入りのカフェでラテを飲むのが日課」
「週末は地元のフリーマーケットを巡るのが楽しみ」

などであれば、親しみやすさや、地に足のついた生活感をアピールできます。

写真は、それに合わせたジョギング風景やお気に入りのカフェ、フリマなどで撮った1枚をチョイスする。これにより、あなたが毎日の生活に楽しみを見いだすポジティブな人物であることをアピールできます。親しみやすさを重視する人から好印象を持たれやすくなる可能性が高くなります。

次からは、プロフィールを作成する際にヒントになる要素を、アンケートなどを踏まえてまとめました。

「求める出会い」にダイレクトに響く要素をピックアップ

マッチ後のスムーズな会話に一役買う！　長文プロフィール

このセクションでわかること

- 印象に残る自己紹介文の書き方
- 長文・短文それぞれのメリットと効果的な使い方
- プロフィールで避けるべき表現とＮＧ例

長文で自己紹介文を書く目的は、自分の人となりをできる限り詳細に伝えるためです。

自分の趣味、興味、価値観、生活スタイルなどを記述することで、マッチするまでの時点である程度理解してもらえるので、共通の趣味や興味をもつ相手が自分を見つけやすくなる確率は高まります。

このとき、「自分の求める出会い」に対してダイレクトにアピールするためには、最も伝えたいことに絞って、それを中心に自己紹介文の構成を考えていくとよいでしょう。

例えば、こんな自己紹介文を見てみましょう。


「こんにちは！　自然が大好きです。

山登りが趣味で、特に日本の百名山の制覇が目標！

週末はよく地元の山に登り、自然の美しさを感じながら次の挑戦に向けて準備をしています。

山頂から見る絶景は最高です。

自然が好きな人と登山を楽しみたいです」


冒頭の「こんにちは！　自然が大好きです」で、簡単な自己紹介をしたあとで、「山登りが趣味で、特に日本の百名山の制覇が目標！　週末はよく地元の山に登り、自然の美しさを感じながら次の挑戦に向けて準備をしています。山頂から見る絶景は最高です」と、趣味や興味に関する話を具体化しています。最後に、「自然が好きな人と登山を楽しみたいです」と、求める人物像を明確化することで、人となりのおおよそが伝わり、かつ、山に興味のある人とのマッチ率が高くなります。

これなら、マッチした後は「登山」が会話のメインになるため、スムーズなコミュニケーションのスタート地点に立つことができます。

以上をまとめると、この自己紹介文の特徴は次の3点となります。

簡単な自己紹介

趣味や興味に関する話を具体化

相手に求めるものを明確化

ただし、長文の自己紹介文は、情報量の多さがあだとなり、「読むのが大変」と感じる人が多いのも事実です。

すべてを読み終えるまでに時間がかかると、プロフィールは読まれないまま、マッチしないまま終わってしまうこともあります。「こと細かに長文プロフィールを書かれるのは苦手。そういう人は避けます」という人もいるのです。

また、多くの情報を記載することで、本当に伝えたい重要なポイントが他の情報に埋もれてしまい相手に伝わりにくくなることもあります。

だからこそ、自分はどういう出会いを求め、それに合わせてどういう自分を見せたいのかを明確にしておき、自己紹介文でアピールすることが肝心です。

これまで生きてきた人生の中から、どんなことを抽出し、自分を知らない相手にどう伝えていくのか、情報を整理し要点を明確化していかなければなりません。

これは、ビジネスの場面でも同じです。

提案書や報告書、プレゼンテーションの資料などを作成する際は、売り込みたい膨大な情報を整理し、かつ、要点を明確化し、自社の商品やサービス、プロジェクトの価値を初めて知る人々に対して理解しやすいように伝えていかなければなりません。

俗語やスラングは避ける

長文の自己紹介文は、書き方や言葉遣いでも相手に与える印象は大きく変わります。

専門用語ばかり使用せず、一般的に理解しやすい言葉を選ぶなど、文章の書き方、言葉の選び方ひとつで、教養や知識の広さも伝わります。

例えば、この自己紹介文を見てください。


「週末には地元の図書館でボランティアをしています。

人々が本との出会いを通して新たな世界を発見する瞬間を支援することに大きな喜びを感じます。

特に、子供たちが絵本に夢中になる姿を見ると、無限の想像力の大切さを再認識します。

週末ボランティアをしている方がいたら、どんなことをしているか、お話がしてみたいです」


まずボランティア活動をしていることがわかり、そのやりがい、出会いに求めることが非常に明確でわかりやすく、かつ、誠実さも感じる文章です。

一方、知性を感じられない文章は、何を伝えたいのかがわかりにくい文章構成になっています。次の自己紹介文を見てください。

「週末って本当にいろいろやることがありますが、自分はほとんど図書館にいてボランティアのようなことをしてます。子供たちがいるから、なんかいいなって。自分も何かしてみたいと思っちゃう。週末はだいたいそんな感じです」

週末に図書館でボランティア活動をしていることは伝わりますが、伝えたいメッセージが不明瞭です。

親しい間柄でもないプロフィールの文章で俗語やスラングを多用するのも敬遠されがちです。

「『めっちゃ』や『マジで』などを使って、『週末はだいたい友達と遊んでて、めっちゃ楽しいです。マジで、一緒にどこか行きましょう』などのフランクな自己紹介は、知性が感じられなくて苦手です」

「『めっちゃ最高の時間を過ごそ〜』など稚拙な書き方をされると、引きます。そういう人に限って、プロフィール写真も上半身裸で舌を出して撮っているようなチャラ男だったりします」

その他、自己紹介文の書き方については、こんな意見もありました。

「『いい人とご縁があれば……』など、漠然としたことしか書かれてない具体性に欠ける表現が目立つ人は、よくわからず印象に残らないのでマッチしません」

「『女性』ではなく『女』という書き方をする人は、横柄な感じがして敬遠してしまいます。言葉遣いに荒さの片鱗を感じると、雑な人ではないかと思ってしまいます」

「改行がなくて読みにくい人は配慮のない人のように感じます」

「誤字脱字が多いと、なんで読み返すこともしないんだろうと思うし、教養の欠如を感じてしまいます」

こうした細かなところこそ、その人の内面が透けて見えるという人は多いのです。

自己紹介文の〝ネガティブサイン〟を見逃すな！

多くの人は、ネガティブなことが書いてある自己紹介文に敏感です。プロフィールは、他人に知ってもらう最初の機会。自己表現の場でもあるのにネガティブな内容をアップするのは、関係が始まる前から否定的な雰囲気を作り出し、人を遠ざけます。

「この人とつきあっても、未来が楽しいものではなさそうだ」と感じさせるネガティブな内容とはどんなものなのか、次から具体的に紹介します。

仕事についての表現がネガティブ

「人間関係に疲れて、転職を決めました」
「上司と合わずに困っています」

ネガティブな表現を言いっぱなしにしているプロフィールは、「この人と出会うメリットってあるのか」と不安にさせます。

ネガをポジに変換できるリカバリー力がある人になる

一方、ネガティブが先行しても、その後の内容でリカバリーできる例もあります。

「以前、仕事で大きな失敗を経験して以来、自信喪失気味でしたが、チームワークの大切さと緻密な計画の重要性を学ぶことができた貴重な経験にもなりました。それは今の自分に間違いなくプラスに働いています」

「以前、仕事で大きな失敗を経験して以来、自信喪失気味です」と言ったあとで、「チームワークの大切さと緻密な計画の重要性を学ぶことができた貴重な経験にもなりました。それは今の自分に間違いなくプラスに働いています」など、ネガティブだと感じることや、失敗だと思ったことからどのような学びを得たか、ポジティブに捉えているかをアピールできれば、むしろ人間味があって良い、リカバリーできる人だと評価されることもあります。

過去の恋愛を引きずる表現がある

「『彼女と別れたから、マッチングアプリを始めました』とわざわざ書く人は、前の恋に未練がありそうで面倒くさそうというイメージがあり、敬遠します」

という意見に代表されるように、過去の恋愛を引きずるような自己紹介文を書くと、ネガティブサインと受け取られ、前向きな関係を築きにくいと判断されやすいです。

「前の恋愛がトラウマで、なかなか人を信じられなくなりました」「過去の恋愛で傷つきました。次の恋愛は、本当に大切にしてくれる人と出会いたいと思っています」

などの自己紹介文も、恋愛に対して前向きではない印象を与えてしまいます。

否定語が多用されている場合

「朝が苦手な人は無理です」
「お酒が好きな人はごめんなさい」
「ペットが嫌いな人はNG」
「運動しない人とは合わないと思います」
「ゴシップ好きな女性は嫌なので声をかけないでください」

など、一つひとつの条件は伝えるべきことでも、「～するべからず」な条件を否定語だらけでズラリと並べられると、神経質な人、柔軟性のない人に見られることがあります。

「NG、無理です、合いませんなどの言葉がやたらと多い自己紹介文を見ると、怖くなることがあります。いつか私も否定されそう」

と言う人もいます。

例えば、「ペットが嫌いな人はNG」ではなく、「ペットとも仲良くできる方、大歓迎です！」と言い換えるだけでも、相手に与える心象は良くなり、かつ、「ペットが嫌いな人とは難しい」という意図を伝えることにも成功しています。

同じことを言っているのに、ポジティブな言い回しを心がけるだけで、より魅力的で、多くの人に受け入れられやすい自己紹介となります。

言い換え例

「朝が苦手な人は無理です」
⬇
「早起きして一緒に散歩できる人と出会いたいです」

「お酒が好きな人はごめんなさい」
⬇
「お酒が飲めません。健康的なライフスタイルが好きな方とつながりたいです」

「運動しない人とは合わないと思います」
↓
「スポーツ好きなアクティブな方を探しています！」

「自分の話ばかりする人はＮＧ」
↓
「表層的な話題よりも、互いの考えを共有できる対話を大切にしています。誠実なやりとりが好きです」

後ろ向きな言葉ばかりが並ぶ

「人生つらいです」
「誰も信じられません」
「いつも裏切られるんですよね」
「何をやっても、うまくいかないんです」

こんな後ろ向きな文章が自己紹介文にちりばめられていると、読んでいるこちらの気分まで沈みます。

こうしたマイナス思考を、「人生には挑戦がつきもの」という視点に立ってみると、その表現はガラリと変わります。

例えば、「何をやってもうまくいかない」と書くのではなく、「多くの挑戦が必ずしも成功に結びつくわけではありませんでしたが、それぞれの試みから価値ある教訓を得て、それらは自分の財産になっています」など、前向きな視点を持っていれば、ポジティブな表現につながり、より魅力的な印象を与える自己紹介文に変身します。

極端な自己中心的表現

自分の好きなこと、趣味、興味だけを長々と書き連ねる、あるいは自分のこれまでの仕事の成果などを延々と語る人は、相手に求めることや相手への関心が一切見られず、自己中心的な印象を与えます。

「私のプロジェクトは市場で大成功を収め、売り上げを前年比200%増加させました。その戦略的な分析と実行力は、業界内でも高く評価され……」

などと書かれているだけでは、相手との共通点を見つけたいという姿勢が皆無です。相手への関心が薄いことをネガティブに捉える人は多いので注意したいところです。

「タバコを吸う人は無理」
「ペットが嫌いな人はNG」
「運動しない人とは合わないと
思います」

無理。NG。合わない。
否定する言葉がずらりと並ぶ
プロフィールって、ちょっと怖い。

「好きです」
「Yes」

私は、前向きな言葉を使っていこう!

タバコ吸う人
NG
運動
しない人
NG
ペット
嫌いな人
NG
NGの圧….
健康的な
ライフスタイル
がしたい!
ペット好き
大歓迎!

仮に、いいなと思った相手が「料理好きな人がいい」と言ってきたら、「縁がなかっただけ」です。うまくいかせたくて頑張って自分を取り繕っても、長い目で見ればいずれボロが出ます。ならば、最初はいいなと思っていたとしても、「もっといい人がいるかもしれないから」と気持ちを切り替えて、「Uber Eats 好きな私」に合う趣向の人を探せばいいだけです。

自分がどれだけの努力をしても、全ての人に受け入れられるわけではありません。自分に合わない相手とは、お互いのためにも早期に見切りをつける、「飾らない勇気」が必要なのです。

必要なのは、飾らない勇気

初対面の相手に好かれようと自分を飾り立てる傾向のある人は多いです。特にネット上では、直接会うまでは相手の反応を直接見ることができないことが多いため、自分をより良く見せようと、趣味や興味があること、職業などに関して、実際よりも魅力的に見せようと〝盛って〟しまいます。

「好かれたい」と思うのは自然な感覚ですが、等身大以上の自分を見せようと過度になりすぎると、自己イメージと現実のギャップに自らが苦しむことになります。

ここで大切なのは、自分を偽らず、ありのまま相手に接する「飾らない勇気」です。

長い目で見れば
いずれボロが出る

料理は好きじゃないからUber Eatsをフル活用しているのに、「自炊が好きです」と答えてしまう。

これは、「その方が好感度が高くなるだろう」という思い込み、あるいは、「金遣いが荒い人だと思われたくない」という気持ちが働くからかもしれませんが、実際は必ずしも「料理好き」を求める人ばかりではなく、むしろ「外食が好き」な人も世の中にはたくさんいることがわかります。自分のありのままを見せたとき、「そんなあなたがいい」と思う人は確実に存在するのです。

パッと伝わる絵文字だけのシンプル・コミュニケーション

マッチ後にじわじわ自己開示！スタンプのみの短文プロフィール

プロフィールにあえて多くの情報を入れない。これも戦略のひとつ。相手の興味を引くことを目的にしています。

プロフィールの自己紹介文には文章を一切書かずに、趣味の「登山」「読書」「料理」などの「スタンプを数個押すのみ」という人もいます。

あるいは、「ビール」と「本」だけのスタンプを押し、一言「どちらが好き？」と書く。必要なスタンプ、必要な言葉をほんの少しだけアピールするにとどめている人もいます。

自分の趣味、興味、ライフスタイルを象徴するスタンプをメインに使うのは、自分のセンスや創造性を最大限にアピールしているといえます。

相手の好奇心を刺激でき、マッチした後のコミュニケーションで徐々に自己開示し、相手の反応を見て関心を持たれるポイントを探りながら、自分の「カード」を少しずつ出す戦略を取っているのです。

スタンプのみを使用すると、相手も気軽にリアクションしやすい効果もあります。お互いにまだ知らないことが多いので、マッチした後に会話が弾むことも少なくありません。

スタンプのみか、それに近い情報量の少ないプロフィールは、相手とのコミュニケーションを豊かにするための入り口にもなり得るのです。

遊び心あふれる短いプロフィールに共感する人だけにマッチしてほしいという〝戦略〟をもっている人にとっては、求める出会いを絞っている意味で成功といえます。

ただし、スタンプのみの自己紹介文は、

「相手を試すようなプロフィールに見えて信頼できない」
「細かく書いていないプロフィールは真剣さが感じられないので、最初から避ける」

という意見もあります。

〝奇跡の１枚〟よりも普段着感覚の自分を見せる！

“奇跡の1枚”は選ばない

このセクションでわかること

- 信頼感を生む写真の選び方
- プロフィール写真の“戦略的”活用法
- 相手に誤解を与えない写真のポイント

プロフィールの自己紹介文同様、プロフィール写真についても、マッチングアプリを通してどのような関係を築きたいかを明確にし、自分なりの“戦略”を立て、どんな写真が最もアピールできるかを考えていくことが基本になります。

「私は、1枚の写真で、自分の情報が視覚的に一目でわかるようにしています。アウトドアが好きなので、背景はアウトドア。お酒も好きなので、シャンパンを持っているちょっとおしゃれした自分が写っている写真にしました」

という意見にあるように、どんな自分を見せたいのかを1枚の写真で表現している「上級者」もいます。

フォーマルな雰囲気を出すのか？　日常のひとこまを演出するのか？　それは個々の戦略によって変わりますが、いずれの場合も、いつもの自分よりも何倍も盛って写真を加工するなどした〝奇跡の1枚〟をあえて選ぶ必要はないと言えます。

誰しも「よく見せたい」と思う気持ちはありますし、〝奇跡の1枚〟のおかげで、マッチ率は向上するかもしれません。

しかしながら、プロフィール写真や自己紹介文で示される人物像が実際と大きく異なる場合、期待と現実の間に大きな隔たりが生まれ、実際に会った際の失望感は避けられません。相手に「こんなはずじゃなかった」と感じさせるのは、大げさではなく信頼関係にヒビが入ってしまうのです。

「10年以上前の一番いいときの写真をプロフィール写真として使っている人がいてびっくりした」

「実際に会ったら、写真よりはるかに太っていた。プロフィール写真は一番痩せていたときの写真を使ったと言われた」

という意見は、マッチングアプリあるあるです。

盛りすぎない等身大の写真は、正直でありのままの自分を見せようとする意思を感じさせます。過度に自分を飾り立てないことにより、誠実さや真実性を相手に伝えることにもなるでしょう。これは、人と人との関係において信頼を築く上で非常に大切な要素になるのです。

それを踏まえて、求める出会い、そのために見せたい自分像にベストだと思える写真を選ぶようにしましょう。

清潔感のない 写真は 一発アウト

盛りすぎた写真は 信頼関係に ヒビ割れを起こす

相手のプロフィールをスクリーニングする6つのスキル

相手のプロフィールを見て自分の求める出会いに合っているかどうか、スクリーニング（選別）の目を持つことは大切です。

「私のスクリーニングの基準は、良い雰囲気を感じ取れた人かどうか。それはプロフィールの写真、自己紹介文など限られた情報の中でもにじみ出るものです。感覚的な話にはなりますが、これを自分なりの大切な基準にしています」

という人は多いです。

1枚のプロフィール写真を見ただけでも、相手の外見だけでなく、ライフスタイルや趣味、価値観のヒントは得られます。

ここからは、スクリーニングする際にヒントになるであろう、相手のプロフィール写真を見るときの主なポイントを挙げておきます。

その後、マッチの経験を重ねて、自分なりのスクリーニングスキルをアップデートしていきましょう。

スクリーニング1
清潔感があるか

本書で行ったアンケートに協力してくれたほとんどの人が大切にしていたのは「清潔感」です。清潔感のある外見は、その人の性格や生活態度、ひいては社会的な信頼性や責任感を反映していると思われます。

「髪の毛がぼさぼさ、ヒゲが伸びているなど清潔感を感じられない写真を見ると、ちょっと気をつけたら印象を変えられるのにと残念な気持ちになります」

「ヨレヨレの服、毛玉の多いセーターなどを着ている人とはマッチしません」

という意見もあるように、「清潔感のない人は衛生管理に対する意識が低い」と捉える人は多いです。

撮影場所にも「清潔感」は表れます。

「自宅の洗面台の前で自撮りしている写真をアップしている場合、鏡に水あかがついている、洗面台が薄汚れているのを見ると不快感があります」

「部屋の一角で撮っている写真で背景がごちゃごちゃしすぎていたら、片づけられない人なのかなと不安になります」

写真は、生活態度の反映と捉える人は多いのです。

スクリーニング2

服装やライフスタイルが自分の価値観に合うか

相手の服装やアクセサリー、持ち物からは、その人のファッションセンスや好み、場合によっては社会的ステータスに関するヒントが得られます。

きちんとしたスーツを着た写真をアップしている人は、仕事を頑張っているか、あるいはフォーマルな場面を好む人であることをアピールしています。高価な時計やブランド物のバッグが写っている場合、ブランド品に価値を置いていることも読み取れます。

カジュアルな服装やリラックスしたスタイルの写真の人なら、余暇に比重を置く自分をアピールしたい、リラックスや快適さを重視するライフスタイルをアピールしたいという意図が反映されています。

スーツなのか、ラフな休日のスタイルなのかだけを見ても、相手がどういう自分を演出したいのかは伝わりますし、それに対して自分の趣味や価値観に合っているかをスクリーニングできるのです。

スクリーニング3

写真の背景が、自分の趣味や価値観に合っているか

写真の背景だけを見ても、その人の趣味、価値観、ライフスタイルに関する貴重な手がかりが得られます。写真一枚で、共通の関心事を持つ人とのコミュニケーションのきっかけを作ることができるのです。

❶ 自然を背景にしている写真

山でのハイキング、海辺でのサーフィン、公園でのピクニックなど、自然を背景に写り込んだ写真をアップしている人は、自然愛好家だったり、アドベンチャーを求める人であり、健康的で活発なライフスタイルを送っていることが想像できます。

❷ 自宅の一室を背景にしている写真

自宅のリビング、書斎、または個性的なインテリアのある室内で撮影された写真は、プライベートな空間でのくつろぎや趣味を大切にする人ではないかと推測できます。インドアが好きなことをアピールしている場合もあります。

③ 趣味や価値観に関わる写真

・美術館などの文化的空間

美術館や博物館、本屋などの文化的な空間で撮影された写真は、その人が芸術や文学に興味を持っていることを示し、知的好奇心が旺盛で、静かな時間を楽しむ人だとアピールしている可能性があります。

・カフェやレストランでの写真

おしゃれなカフェやレストランで撮影された写真は、食べることを楽しむライフスタイルを持つ人であり、生活の質を重視し、社交的な一面ものぞかせていることを示しています。

・コンサートやフェスの写真

音楽イベントやフェスティバルで撮影された写真は、音楽好きなことを示し、中でも、特定のアーティストのコンサートや、特定のジャンルの音楽フェスティバルの写真は、その人の音楽趣味や価値観が強く反映されているため、それに合致している人がマッチしやすいです。

・旅行先の名所や観光地の写真

海外の有名な観光地や、国内の隠れた名所で撮影された写真は、旅行を趣味とする探求心のある人であることをアピールしています。

・ジムやフィットネスの写真

ジムでのトレーニングや、サイクリング、ヨガなどのアクティビティをしている写真は、健康やフィットネスを重視するライフスタイルを持つ人であることがわかります。

・ペットとの写真

ペットと一緒に写っているプロフィール写真は、単純に、ペット好きな人とマッチしたいと思っているか、あるいは、動物への愛情や世話をすることに対する優しさや面倒見の良さ、責任感の強さをアピールしています。

また、ペットを飼っていること自体が、日常生活において一定のルーティンや規律を持っていることを暗に表しており、生活に対する責任感や安定感を感じさせることがあります。

ペットの種類は、飼い主のライフスタイルや性格に合わせた選択がされることが多いため、その人の生活様式や趣味嗜好に関する手がかりとなります。

例えば、大型犬と一緒に写っている人は、アクティブで外に出ることを好む性格かもしれませんし、猫を飼っていてその写真をアップする人は、家でのんびり過ごすことを好む性格である可能性があります。珍しい種類のペットと一緒に写っている場合は、その人が好奇心旺盛で新しいことに挑戦するのを楽しむタイプで、同じような人を求めている可能性を示唆しているかもしれません。

一匹のペットからも、どんな人なのか、その人となりは想像できるのです。

・**趣味のアイテムを写り込ませる**

趣味や興味を示すアイテムが写真に含まれている場合、その人の趣味やパーソナリティに関する直接的な情報を得ることができます。

楽器が写っていれば音楽への関心を、スポーツ用品ならアクティブなライフスタイルを、本なら読書が趣味で知的好奇心が旺盛であることなどを示します。趣味のアイテムは、その人の価値観が垣間見えるわかりやすい自己表現といえます。

スクリーニング4

写真の表情

プロフィール写真の表情も、スクリーニングの要素のひとつになります。表情ひとつで、その人の性格や気持ちを表し、相手に与える印象も大きく変わるからです。

最もポジティブな印象を与えるのは、当然ながら笑顔です。自然で温かみのある笑顔を見ると無意識のうちに相手に好感を持ちやすくなります。笑顔により、オープンでフレンドリーな感じ、コミュニケーションを取りやすい雰囲気を写真1枚で伝えることができます。

自信満々のいわゆる「ドヤ顔」は、自己の能力や成果をアピールしたいなどの自分なりの〝戦略〟があるなら有効ですが、そうではない場合、写真を見た相手にプレッシャーを感じさせることがあります。

クールな雰囲気を演出するために、あえて無表情の写真を選ぶ人についてもそれが〝戦略〟ならOKですが、親しみやすさを求める人からは「何を考えているかわからない」「ミステリアス演出がちょっと苦手」「怖そう」と敬遠されることがあります。

スクリーニング5

写真の質と構図（フレーミング）

写真のクオリティやフレーミングから、その人がどれだけ自己表現に力を入れているか、または細部にまで気を配ることができるかを判断できます。

高品質な写真は自己ＰＲに対する意識の高さがある人、アーティスティックな構図は創造性を重視している人などと推測することができます。

画像がぼやけている、明るさやコントラストのバランスが取れていない、不必要に雑然とした背景が写り込んでいるなど質が悪い写真は、自己を表現する場であるプロフィールにあまり注意を払っていない＝自分をどのように見せたいかという関心が低い＝自己管理を怠りがち、あるいは、セルフ・プロデュース能力が低く、日常生活や仕事など様々な場面において同様の傾向があるのではないかと推測される可能性があります。

スクリーニング6

写真に写っている他の人物

プロフィールに他人が写り込んでいるのを見逃さない人は多いです。

戦略として、あえて他人と写っている写真をチョイスしている場合は、その人の社会性や人間関係の幅広さを表現する方法のひとつとなります。友人や家族が写っていることで、その人が社交的であり、良好な人間関係を築いていることを暗に示すからです。

ただし、写り込んでいる他人が「どうやら元カノらしい」などと判断された場合、話は変わってきます。過去の恋愛関係を示唆する写真などをわざわざ載せるのは、「遊び慣れている」「軽い関係を好む」と思われたり、前の恋に未練があり未来に向けた新しいスタートへの準備ができていないと解釈されることがあるなど、いずれにしても心象は良くありません。「親戚の子供」など、小さな子と写っている写真をアップしている人に対しても、手厳しい意見は多いです。

「親戚の子や友人の子を平気でアップしている人は、プライバシーへの配慮が足りない、責任感が欠如している人ではないかと疑ってしまいます」

「誰かと撮った写真しか載せてない人って、自撮りがカッコ悪いって思っている？」

プロフィール写真、
筋肉自慢する人って
意外と多いよな。

筋トレの成果を
アピールしたいのかな？
でも、初対面の人に見せる写真が、
そもそも上半身裸って……。

私も筋トレは好きだけど、
スポーツウェア着てトレーニングしてる人も
ちゃんといる。

そういう人を選んでいこうっと

私もジムは
好きだけど
ちょっと違う〜〜
tinder
A男 29

筋肉自慢
プロフィール写真が、
実は評判が悪いのは
なぜ？

鍛え上げられた見事な筋肉を披露している上半身裸の自分をプロフィール写真に使っている人は一定数います。

自分の身体への自信をアピールしようとしているのでしょうが、実際のところ、このアプローチが必ずしもポジティブな反応を得られるとは限りません。

一見すると健康意識の高さや自己管理能力をアピールできる素晴らしい手段のように思えますが、筋肉を強調しすぎる写真は、ナルシストに見えてしまう人がいるのです。「チャラそう」というイメージを持つ人もいます。内面や知的な興味、情緒的なつながりを重視する相手からは敬遠される傾向にあります。

また、上半身裸の写真はマッチングアプリのような公共の場において、社会的な適切さに欠け不快感を与えると捉える人もいます。

相手を知りたいと思う

その気持ちこそがうまくいく秘訣！

マッチ後は、共感と共有を大切に

このセクションでわかること

- 効果的なメッセージの始め方
- 相手の興味を引き出す質問術
- 会話を自然に発展させるコツ

マッチしたあとは、メッセージのやりとりが始まります。ここでいかにコミュニケーションを図るかで、その後の展開は大きく左右します。

以下、マッチ後のメッセージのやりとりにおいて意識しておきたいこと、見切りをつけるタイミングなどについて詳しく説明します。

メッセージをどちらから送るのかについては、自分から積極的に送ってOKです。

「マッチした」ということは、興味の度合いの幅はあれど、どちらも好意を持っているということですから、気になる人に自分からメッセージして不自然がられることはありません。

このとき、ファースト・インプレッションは、自分に対する印象を大きく左右するので、「何を書いたらいいんだろう?」と迷うかもしれませんが、「相手を知りたい」と思う気持ちさえあれば、書く内容はそれほど難しく考える必要はありません。

例えば、ダイビングに興味がありそうな人には、「ダイビングが趣味だとプロフィールにありました。私も好きです。おすすめのダイビングスポットはありますか?」などと、相手の興味に寄り添った質問をすることで、会話が弾みやすくなります。ここから、相手の反応を見て楽しくやりとりができれば十分です。共通項を糸口にすれば、「明るくポジティブにしなければ」「気の利いたことを書かなくては」などと身構えなくても、自然と明るく話しやすい雰囲気は伝わります。

相手からのメッセージは「質問が返ってくるか」がひとつの目安

送ったメッセージにどんな返事が来るか。これは、投げかけた質問にどれだけ興味を持っているかを示す重要な指標です。

「私もダイビングが大好きです。おすすめのダイビングスポットはありますか?」と質問したとき、「沖縄の宮古島で潜るのがお気に入りです。透明度が高いですよ。あなたはどんなところに潜りに行きたいですか?」と、新たな質問や話題を提供して会話を広げようとする姿勢があると、お互いのやりとりはスムーズになります。

反対に、「沖縄です」という短い返事のみの場合はどうでしょうか。質問に最低限の答えは返していますが、それ以上会話を進める意思があるか、コミュニケーションを取りたいと思っているのかどうかがわかりにくいです。

その後、「沖縄のどのあたりですか?」などと質問してみても、たいして広がりがないと感じたら、これ以上深入りする必要はないと判断するのもありです。

相手が送ってくるメッセージが表面的なものか、あなたをより深く知ろうとする内容かは文面を見ればある程度推測できます。

返信の速度は「人それぞれ」と心得る

返信の速度は、相手の興味の度合いを測るひとつの指標にはなりますが、人によってかなり大きく異なります。

忙しい人の場合、日中はスマートフォンの通知をオフにして帰社後にまとめてチェックすることもありますし、そもそもメッセージを頻繁にチェックしない人もいるので、絶対的な基準があるわけではありません。熟考してから送りたいタイプの人もいます。

返信が速ければ興味関心が高い表れのひとつと捉えることはできますが、遅いからといって関心が薄いわけでもないのです。

返信が遅いことを過度に心配しすぎない姿勢も大切です。

メッセージの内容が明らかなコピーだったら？

アンケートや取材の中で、「返事が来ても、その文面が明らかにコピーして送ってきたなとわかる人とは、こちらに対して興味がないものと判断し、メッセージのやりとりはやめるようにしています」と答えた人は多いです。

明らかにコピーしている文面というのは、例えば、

「こんにちは！　プロフィールを見てメッセージしました。趣味は何ですか？」
「よろしくお願いします。最近、面白いことありましたか？」

など、誰に送っても通用する汎用性の高い内容を指します。

メッセージの内容がどの程度具体的か、パーソナライズされているかは、その後のやりとりの継続を決めるうえで大きな指針になります。

「向こうからコピペのメッセージが来たら、一度だけ返信して、相手の出方を待ちます。その内容も型押ししたようなものであれば、以降のやりとりはやめます」

という意見にあるように、向こうの関心が著しく低い場合、

その溝を時間をかけて埋めていくよりも、「縁がなかった」と見切りをつけて新たな出会いを求めるのも選択肢のひとつです。

「たくさんの人とやりとりするので、私自身もテンプレは作成しています。でも、実際に送るときは、相手の趣味や価値観などのプロフィールを見たうえで、相手に合わせてカスタマイズした文面を送っています」

という意見にあるように、やはり最後は、相手に対する興味関心の度合いが重要になるのです。マッチングアプリを利用する際のコミュニケーションにおいて、「相手へのリスペクト」があるかどうかというのは、質の高いやりとりを目指し、信頼関係を築く上で非常に大切なのです。

「自分にとって譲れない条件」は事前にチェック

メッセージのやりとりが続きそうな相手には、「自分にとって譲れないこと」について前もって確認しておくとよいでしょう。実際に会ってからの「思っていた人と違う」を埋める作業をここでしておくのです。

「見た目が違う」ギャップを埋めておく

「見た目が違う」ギャップを埋めておきたい人は、あらかじめ、Ｔｉｎｄｅｒのビデオ通話で容姿を確認する方法があります。

「これまで、いざ会ったとき、『あれ、想像とずいぶん違う……』と思ったことが何度もあり、その理由がすべて見た目でした。なので私は、メッセージをやりとりしている段階で、ビデオ通話をするようにしています。プロフィールに全身写真がある場合も、『あれ、昔の写真なんだよね～』といわれることもあって。だからあえて、現在がわかるＴｉｎｄｅｒのビデオ通話で姿を見てから会うようにしています。

そもそも、容姿や体形の質問って、とってもデリケートだと思います。もし自分だったら相手からメッセージで『体形はどんなですか?』と聞かれたら不愉快な気持ちになるだろうし、自分がされて嫌なことはしたくない。でも、自分の好みとして譲れないから、『デートの予行演習としてビデオ通話しませんか?』と提案しています。

Tinder内の機能でビデオ通話できるので、LINEや電話番号を知られてしまう心配もなし。合意した相手同士でしかビデオ通話できないので、私はリアルで会う前に、プロフィールの写真の印象とズレはないか、やんわりとチェックします。私にとって見た目を事前に確認しておくことは、予期せぬ失望を避けるためにもとても大切なことでした」

趣味嗜好についてのギャップを埋めておく

趣味嗜好についても、「こんなはずじゃなかった」を先に埋めておく人もいます。

例えば、家族に対する考え方についてのギャップなら……。

「婚活していたときは、『家族を大事にしているか？』は必ず確認していました。自分の親を大事にしている人は、私の親も大事にしてくれると思うからです。ただし、いきなり『家族のことを、どう思っていますか？』と聞くのは、取り調べをしているようで相手も息が詰まると思うので、例えばこちらから『今週、実家に帰るんだ』などと話題をふってみて、そのあとの会話のラリーの中で向こうの家族観を確認するようにしました。

『僕の実家は大分なんだけど、東京から遠いし、1回帰省するとけっこう出費がかさむから、5年間ぐらい帰ってないいんだ』などと言われたときに、『もしかしたらこの人は、あまり家族を大切にしない人かもしれない』などと判断しています」

また、金銭感覚のギャップもできる限り埋めておきたいという人もいます。

「私はムダ遣いをしない生活を心がけているため、『休日はどのように過ごしますか？』『最近、大きな買い物をしましたか？』などの質問をして、相手のライフスタイルや金銭感覚に対する価値観をチェックすることがあります」

このように、容姿、生活スタイル、価値観、趣味嗜好など、「譲れないこと」は一人ひとり異なりますから、自分にとって気になることは会う前までに確認しておくのがベターです。

違和感は新たな出会いへのサイン

あなたの直感を信じて

今後も、やりとりを続けたい？自問自答する

このセクションでわかること
- 相手との相性を見極めるポイント
- 違和感があったときの適切な対処法
- 関係を終わらせる際の上手な伝え方

やりとりを続ける最終的な決め手になるのは、「この人のことをもっと知りたい」と思えるかどうか。

「仕事も大切ですが、プライベートの時間を大切にすることで、人生の質を高めたいと思っています」という人とやりとりを重ねるうちに、プライベートの時間は家族や友人と定期的に会っていることがわかり、出かける場所も自分の好きな場所が多いなど相手の価値観に触れて共感できる部分が多いと、親近感が湧き、「もっと話したい」と思えます。

相手とのやりとりから得られるこのポジティブな感覚を、「直感的にいいと思った」と言う人はたくさんいますが、今後も関係を続けていきたいか考える上では、

「自分は、相手とやりとりをしてみてどう思ったか」「やりとりをもっと続けたいと思ったのはなぜか」

について自分自身に改めて問いかけてみることが大切です。

関係を見直す人もチェックしていく

同時に、相手のメッセージに対して特に心引かれるものがなく、深く知りたいと思う気持ちが湧かない場合は、関係を続けるべきでないサインかもしれません。

ゲーム好きという趣味が同じでマッチしてメッセージのやりとりを始めたものの、休日は朝から晩までほぼゲームをしていたことが判明し、自分のライフスタイルとは明らかに異なると思った場合など、「関係を見直したほうがいいかも」と思う場面

は出てきます。

無理に関係を続けるよりも、新たな出会いを求める方がお互いのためになることもあります。実際に会う前に、その見極めもしっかりとしていきたいところです。

やりとりに違和感！引き際はどう見極める？

メッセージのやりとりを始めてから、相手の言動に違和感があるのはどんなときで、その後どのように対応するのが適切でしょうか。そのヒントを挙げげました。

価値観の違いで違和感

価値観は、個人の世界観や生き方に深く根差しており、日常生活の様々な場面で意思決定の基準になっています。

人の行動や選択、優先順位を大きく左右するため、価値観が大きくズレているのは、今後の関係を見直す転機と捉える人は多いです。

「私は節約を心がけていますが、相手はお金を惜しみなく使うタイプでした。『宵越しの金は持たない』が座右の銘だというメッセージを受け取ったとき、自分の中でブレーキがかかりました。金銭感覚が大きく異なるのは、長期的な関係や将来の計画に大きな影響を及ぼすと思い、対面には至りませんでした」

「私は環境問題は気にしている方で、日常生活でリサイクルやエコ製品を使うようにしています。しかし、相手は『便利さ優先』という考えを持っており、コンビニのお弁当をよく買う話、エコバッグを持つのが面倒くさいので使い捨てのビニールを買っている話をされるなど、エコには関心のない生活スタイルが話のはしばしで感じられました。まさにこれが相手との価値観のズレだと感じました」

自分が大切にしている価値観について食い違った場合、それは引き際の目安といえるでしょう。

コミュニケーションの取り方に違和感

「メッセージのやりとりを始めてから、相手からのメッセージが一方的で、自分の意見や感情に対する反応はほとんどないと気づき、コミュニケーションの取り方に違和感があったので、その後連絡するのをやめました」

という意見に代表されるように、「コミュニケーションに難あり」と判断した場合、長期的な関係を築く基盤を見いだせず、距離を置く人は多いです。

ここからは、やりとりをする過程で感じるコミュニケーションの違和感についてお伝えします。

攻撃的な言葉遣い

「ある週末に、『今日は1日ゴロゴロしていました。今週は仕事がハードで疲れちゃったんです』というメッセージを送ったら、『怠けてばかりいると何も成し遂げられないよ』と返事が。『お疲れさま！』くらい思いやりのある言葉はかけられない人なのかなと思ったとき、今後もやりとりを続けるのはやめようと思いました」

など、メッセージの中で攻撃的とも受け取れる言葉遣いをしている人がいたら、距離を置きたいと思う人は多いです。

「攻撃的な言い方だ」と思う基準は人それぞれ違いますが、自分が嫌だ、しんどいと思ったことは過小評価すべきではありません。引っかかっているのは、合わないサインかもしれません。その後のコミュニケーションの質が著しく下がるので、関係を続けるかどうかを考える大きな指針のひとつになるといえます。

ウソや矛盾がある

ウソや矛盾があると、信頼関係に亀裂が入ります。

「最初に『仕事が忙しくてなかなか休めない』と聞いていたのに、『ほとんど毎日早く帰れるし、土日も休み』という話に変わった。なぜそこでウソつく必要があるんだろうと理解できないことがありました」

「『地元の友達が多くて、社交的な性格』と自己紹介していたのに、やりとりをしたら『あまり友達がいない』と矛盾する話をされました。友達の多い自分を演出したかったのでしょうか。真意がよくわからず、以後の連絡はやめました」

こうしたウソや矛盾は、人によっては「些細な不一致」と捉えるかもしれませんが、疑惑の芽は、小さな違和感の積み重ねへとつながり、不信感が増幅していきます。

関係を終了するのは価値観の違い、悪いことではない

マッチしたあとにやりとりを始めたものの、「なんか違う」と思ったときに関係を終了させるのは、決して悪いことではありません。

相手の言動が原因で関係を終了するとしても、「断りにくい」と感じる人は多いです。相手からのその後も続くメッセージに惰性で返事をするなど、中途半端な理由で関係を続ける人もいますが、それではお互いの時間とエネルギーのムダ遣いになってしまいます。

関係を終了するのは、単にお互いの価値観に違いがあった。それだけのことです。自己成長の一環と捉えて、新たな出会いの可能性に向けて、よりよい関係や環境に向かって一歩を踏み出す感覚でいればいいだけです。

関係を終了するときは、「相手からメッセージが来ても返さない」という形で終わらせる人は多いです。

しかし、何度かやりとりをした相手であれば、明確に終了の

意向を伝える方が望ましいです。相手への尊敬と感謝の気持ちを忘れずに、やりとりをやめる理由を簡潔に述べましょう。

「これまでのやりとりに感謝します。メッセージのやりとりはとても楽しかったのですが、自分自身にとって何が最善かをじっくり考えた結果、今は新しい関係を築く準備ができていないことに気づきました。今後は連絡を控えさせていただきたいと思います。やりとりしていただき感謝しています」

こうした書き方であれば、相手を傷つけることなく、フェードアウトできます。

相手を非難する言葉遣いは避け、できるだけ前向きな表現を心がけます。お互いが気持ちよく次の出会いに向かえるよう配慮するのが基本です。

ただし、「誰もおまえのことなんか好きにならない」などと侮辱的な言葉を使われたり、執拗に個人情報を聞き出そうとするなど、安全性が懸念される場合などに詳細な説明は不要です。そのままフェードアウトしてOK。身を守ってください。

「今日は、有休をとって
エステに行ってました」

こんなメッセージを送ったら、

「すぐに休める仕事でいいな、
気楽でうらやましい」

と返信が。

え？
自分の仕事は上、私の仕事は下ってこと？

まあ、いいや。
私はリラックスできたし、
明日から気持ち切り替えてこ！

モヤモヤに悩むより新しい出会いを
MOYA
MOYA
MOYA

出会いの基本形は「１人でも幸せ」

マッチングアプリの出会いは、マッチするまで、マッチしたあとのメッセージのやりとり、実際に会ったときなど、それぞれの場面でうまくいかないまま関係が終わることがあります。たくさんの人とマッチして、何人もの人とやりとりをする人もいますから、その全部がうまくいかなかったとき、「こんなに労力かけて全然ダメだった……」と失望感が膨れ上がる人がいます。さらに、「これほど出会えない私に何か問題があるのかもしれない」と自己否定に走ってしまう人もいます。

しかし、マッチングアプリでの出会いは、人生を豊かにするひとつの手段に過ぎず、自分自身の価値や幸せを決定づけるものではありません。

こうした出会いはあくまでも、すでに充実している自分の人生にプラスアルファの価値をもたらすもの。

「1人でも幸せ」をベースに、「出会いがあったらますます幸せ」を出会いの基本形にしてください。

新しい人との出会いは、新たな視点や価値観をもたらし、世界を広げてくれますが、それは自分自身がすでに持っている幸せの上に加わるスパイスのようなものなのです。

実際にあった時

対面するなら
夜より昼
ランチより
カフェ

自分から日時指定をキホンにする

このセクションでわかること

- 初対面での安全な約束の取り方
- 場所と時間の選び方の基準
- トラブルを防ぐための具体的な対策

メッセージのやりとりが順調に進み、実際に相手と会うことになったとき、

「お互いに『会いたいね』という話をしているのに、なかなか日時が決まらず、そのうちもう会えないんだなと諦めてしまったことが何度もありました」

と言う人もいるように、「いつか会えたらいいですね」という内容では、いつまで経っても約束できないままという可能性は高いです。相手の出方を待つのではなく、「来週の土曜日の午後、

お茶でも一緒にどうですか？」と具体的な日時と場所を自分からセッティングしていきます。

自ら日時と場所をセッティングする。

これは、自己防衛の意味でも有効です。

どんなにメッセージで親しくなっても、現時点では知らない人という点に変わりはありません。

初対面のときは、昼間の明るい時間帯を選び、自分がよく知っているカフェなど公共性の高い場所を提案すればリスクヘッジにもなるのです。「初対面のときは、必ず昼に限定する」など自分なりのルールを作っておくとよいでしょう。

カフェのみでセッティングする

日時や場所を指定する際の実践例を見てみましょう。

「私の場合、初対面の人とは約束はお昼に設定して、かつランチもカフェもどちらでもOKなレストランを選ぶようにしています。最初からランチにしてしまうと、1

回で1人1500~2000円ぐらいなので、10人に会えば2万円近くかかり、かなり出費になります。初対面の人とランチするとそれなりに緊張もしますから、最初はカフェのみでセッティング。話が盛り上がったらそのままランチもできるようなお店を選んでいます」

昼間に会うとしても個室は避ける、友人などに行き先を告げておくなどの安全対策もしておきたいところです。
日時を自分で決めると、その後の自分の予定も段取りできるので心に余裕ができるという人も。

「日時を決めるときは、〝やりたいことのついで〟に会うようにしています。例えば、相手とカフェで13時に会う約束をしたら、カフェの近くにある美容院に15時に予約をしておきます。もしも話が盛り上がらないまま終わっても、その後の予定があるので、がっかり感をいつまでも引きずることなくすみます」

また、自分主導でお店を決めるとき、こちらが候補を出して相手に選んでもらう手法をとる人もいます。

「ランチのお店は、価格帯の違う松竹梅のレストラン候補を3店ぐらいピックアップしておいて、どこがいいか選んでもらうと、相手の金銭感覚がつかめます。一番金額の高い松のお店を選んだ人は、この出会いに対して、そのぐらいの期待値を持っているかもなどと予測することもできます」

相手から、場所を指定してきたら？

メッセージのやりとりをして、ある程度の好意は持っているとはいえ、この時点ではまだ相手のことはよく知らない状態です。相手から場所を指定されたとき、それが、仮に夜の遅い時間で、かつ自宅に招かれて出かけてしまえば、〝敵陣〟にディフェンスなしで乗り込むのと同じです。

ですから、相手から場所を指定してきても、公共の場以外を指定してきたら断るなど、自分なりのルールは作っておくべきです。

断るべきタイミングの目安は、相手の家、車内での待ち合わせ、相手の友人の家など、極めてプライベートな場所を指定されたときです。

公共の場を指定された場合でも、お店の個室、ホテルの部屋指定、人通りの少ない死角になっている公園など、安全性が低い、不快感を覚えるという場合は、いったん立ち止まってください。直感が「ＮＯ」と言った場合も、その感覚は信じてください。

警戒心は強いのに、「誘われたら、断れない」。そんな矛盾を抱える人は非常に多いです。つながりができた相手を不快にさせたくない、期待を裏切りたくないといった気持ちが働くのはわかりますが、自分の安全や心地よさを最優先に考えてください。

代替案を出して、自分のテリトリーに引き込む

断るときは、代替案を出すのもありです。

「ご提案いただいた場所はちょっと遠いので、もう少し近くで会えると嬉しいです。例えば、××駅の○○カフェはいかがでしょうか？」

「実は、初めてお会いするときは、公共の場所の方が安心できるので、○○レストランで待ち合わせはどうでしょう？」

相手の提案した場所がＮＧな理由を添えるのもありです。

「申し訳ありませんが、初対面でプライベートな空間でお会いするのは抵抗があります。公共の場所なら喜んでうかがいます！　○○カフェなどはいかがでしょうか」

自分の知っているお店で安全な時間帯に会えば、不安の多くが払拭されます。それでもなお、プライベートな空間に誘い込もうとするような人であれば、会うのをやめるなど、防御していきましょう。

「また会いたい」につながる要素

いざ会ったときに多くの人がチェックしているポイントは以下の通りです。

1 居心地がいいか、フィーリングが合うか

「感覚が合う人とは、何時間話をしていてもなぜか疲れません」という意見に代表されるように、緊張する初対面の出会いの中でも、居心地が良いと感じる場面が多いと、「また会いたい」に結び付きます。話すテンポが近い、笑うところが一緒など、フィーリングが合う人は居心地が良いと感じるようです。

2 話をしていて楽しいか

「話が弾む人とは、これからも会いたいと思える」という人は多く、双方に「楽しかった」という感覚があると次につながりやすくなります。

3

相手の話し方に違和感がないか

実際に会ったとき、相手の話し方や言葉遣いが自分の普段のコミュニケーションスタイルと大きく違うと違和感を覚えます。受け答えがぶっきらぼう、あるいは、会ったとたんにフランクなタメ口だとキツいと感じる人もいます。

「メッセージのやりとりではフィーリングが合いそうだと思ったけど、実際に会ってみたら『なんか、違う』と感じることは多いです。こちらが質問しない限り答えない人に会うと、沈黙したままになりがちで、すごく疲れます」という意見もあります。

こうしたギャップを回避するために、会う前に、必ずビデオ通話をしておく人も。

「事前にビデオ通話をしておくと、相手の見た目がプロフィールと大差ないか、言動がメッセージのやりとりと一致しているか、自分の思っていたイメージと合っているかについて答え合わせができます。ビデオ通話を経て会う、会わないもだいたいわかります。ノリやフィーリングなどもだいたいわかります。」

を最終的にジャッジすることで、実際に会う人も厳選できます」

4

店員さんへの態度

アンケートに答えてくれた多くの人が、初対面の人に会ったとき、「お店の店員さんへの態度」をチェックしていました。

「私に愛想が良くても、店員さんを呼ぶときの態度が横柄な人はNG。そういうところで、人柄は出ると思うからです。次からは会いません」

と答える人は多いです。

5

容姿のギャップ

プロフィール写真は見ているのに、実際に会うと写真とはまったく違うなど、容姿のギャップが大きいと違和感につながりがちです。

6

「よくあるのが、プロフィール写真と実際があまりにも違うケース。ギャップがありすぎると詐欺にあったような気分になってしまいます。次にまた会いたいとは思えないことが多いです」

相手の関心度

相手が自分に対してどれだけ興味を持っているかは、話をしていればわかります。

「趣味の話題が出たら、『あなたはどうですか？』と質問してくれる人とは会話のキャッチボールができますよね。話の内容も大事ですが、自分への関心度があるかどうかは、次につながるかの大きなポイントのひとつだと思います」

これらをヒントに、相手との相性や今後の関係性を見極めていきましょう。

個人情報はマイルールを設けておく

マッチングアプリの出会いは、ＳＮＳの交換をせずともやりとりができるしくみになっています。

「ＳＮＳは個人情報になるので、３回会うまではＬＩＮＥの交換はしない。電話番号の交換はしないなど、自分なりのルールを作るようにしています。そうすれば、相手に連絡先を聞かれても、『どの人と会った場合でも、３回会うまでは交換しないようにしているんです』と断ることができます」

相手とどんな関係を求めているのかにもよりますが、長期的な関係性を築いていきたい人は、むやみに個人情報は開示せず、時間をかけて関係を育みながら適宜伝えればＯＫです。

実際に会ってみたものの、断る場合

マッチして、いざ会って、「なんか違った」と思うことはよくあります。

「最初の15分間はすごく面白い人が多いんです。でも、そのまま盛り上がるのかなと話を聞いていたら、尻すぼみになって残念だったことが何度もあります」

という人もいます。

価値観のズレなど、「なんか違う」理由は様々ありますが、170ページでも述べた通り、相手に断ることは悪いことではありません。

断る場合は、会ったその日ではなく、後日、メッセージで送る人が多いです。

「恋人を探していて何度かお断りしたことがあります。『好みじゃないので会えません』という言い方は相手に対しても失礼なので、『今は、恋愛する気持ちになれないと思ったので、今後会うのは控えようと思っています』という言い方をしてお断りしていました」

「NO!」を言うのは大事なことですが、その際、相手への思いやりが加われば、言い方はマイルドに変わるはずです。

お酒の席での注意事項

日中は仕事で忙しく、夜の時間帯しか会う時間を確保できない人や、短期間で効率的に多くの出会いを求める人などは、初対面の出会いでも、日時を夜にセッティングすることがあります（お酒が趣味の人も、飲みながらリラックスして話したいという理由であえて夜に設定する人もいます）。

その場合も、公共性の高い場所、オープンスペースのあるようなレストランなどを選ぶなど、自分なりのルールを作ってその指針に沿って相手に会うのが賢明です。

お酒を飲むときに最も注意したいのが、ドリンク・スパイキング（飲み物に強い薬物などを混入されること）です。ドリンク・スパイキングは、通常の飲み物に睡眠薬などをこっそり混入され、その影響で意識がもうろうとしたり、記憶を失ったりする危険があります。この状態になると、盗難、暴行などの犯罪のリスクにさらされる可能性が高まります。

相手と気持ちよくその場を楽しむためにも、自らが防衛する必要があります。その方法は主に3つあります。

1

バーなどに行くなら、キャッシュ・オン・デリバリーのお店を選ぶ

バーなどに行く場合は、バーテンダーから直接ドリンクを受け取る。あるいは、「キャッシュ・オン・デリバリー」のお店を選ぶと、ドリンク・スパイキングのリスクを未然に防げる確率は高まります。

キャッシュ・オン・デリバリーとは、ドリンクやフードをカウンターで注文し前払いでお会計を済ませて、ドリンクを持って好きな席に着くスタイルを指します。

最後の支払いにいくらかかるのか面倒なことをあれこれ気にすることもないメリットもあります。

2

トイレは、お酒をぜんぶ飲んだあとに行く

お酒の席では、自分の飲み物は自分で管理することが基本です。トイレに行くときは、お酒を飲み終えてから行けば、ドリンク・スパイキングのリスクはなくなります。これは強力ディフェンスのひとつになります。

新たに飲み物を注文する場合も、その都度、可能な限り、バーテンダーやウェイターに直接飲み物を注文し、自分で受け取りましょう。

3

自分の荷物は、自分で管理！

自分の荷物は、自分で管理する。これも基本です。お酒の席では、トイレに行く際も荷物は持っていきます。

「ふと目を離したスキに、荷物に小型の追跡デバイスを入れられ位置情報を追跡された知人がいました。マッチングアプリの出会いに限らず、夜のお酒の席ではこちらの判断力も鈍ることがありますから、荷物はしっかりと自己管理しなければと思いました」

初対面においては、「相手は自分の味方とは限らない」を念頭に、自分でできる限りのディフェンスをしておくことは非常に大切なのです。

会ったときの「おごり、おごられ」問題を斬る！

マッチングアプリに限らず、リアルな出会いでも、「誰が支払うのか」というおごり、おごられ問題は、避けては通れないテーマのひとつです。

おごり、おごられ問題は、求める出会いが「恋人がほしい」ときに起こりがちです。

というのもおごる行為の背景には、今もなお「男性が女性を守り、面倒を見る」という伝統的な性別役割観念が根強く存在しているからです。男性がデートで支払うことが「男らしさ」の証しとされる。このような観念は、長い間共有されてきた価値観のひとつで、気遣いや寛大さ、経済力のアピールなど、ポジティブな印象を与える手段とされてきました。

また、男性が女性に「おごる」のは、将来的なパートナーシップに向けたアピールの一環として捉えられ、「投資」の意味合いもありました。

しかし、最近は変化が見られます。

女性が経済的に自立した結果、以前ほど「男性がおごるもの」という観念に縛られる人は減ってきました。女性が男性に対して感謝の気持ちを表す手段のひとつとしておごる場合もありますし、関係性を対等で健全なものにするため「自分で支払うべき」と割り勘にする人もいます。おごる、おごられ問題は時代の価値観によって大きく左右されてきたのです。

どっちが支払うか事前に決めておく

前のページのように変化も生まれてきた今日、初対面で直接会うことになったとき、双方が快適に感じる支払いの形式について、事前にコミュニケーションを取っておくのがベターです。これにより、デートの最中や終わりに、どちらがおごるのか、割り勘するのかで不快な気持ちになることを避けられます。

とはいえ、事前にお金の話をするのは気まずくなりそうで嫌だと思う人も多いです。

「これまではお金の話をしたことがなかったのですが、あるとき、初めて会った男性と居酒屋にごはんを食べに行ったとき、お会計時に当然のように『今日は払ってね』と言ってきて、理由がよくわからないまま払ってしまったことがあります。あまりいい気持ちがせず、以後会う人とは割り勘にしましょうと事前に伝えるようになりました」

事前に支払い方式を確認するときも、相手への配慮を忘れずに。

「もしよろしければ割り勘でいかがでしょうか」などと自分の意見を述べた後に相手の意見にも耳を傾けるという姿勢が必要です。

マッチングアプリは疲れる!?

「マッチしたあとのメッセージのやりとりで、『はじめまして、私は〇〇と申します。趣味は映画鑑賞です』という内容を、判をつくように何十人もの人とやらなければならないのがしんどいと感じました」

「初めは新しい出会いにワクワクしましたが、毎日のように届く自己紹介や趣味についての質問に答えているうちに、徐々に疲れを感じるようになりました。そのうちの1人と趣味の話題で盛り上がり、2人でやりとりをして一気に距離が縮まった、やっと気の合う人に出会えたと嬉しくなったのもつかの間、なぜか数日後に相手からの返信が突然途絶えました。こんなふうに結果の出ない不毛なメッセージのやりとりをいつまで続けなきゃいけないんだろうとフラストレーションがたまりました」

など、相手とのやりとりが重なったり、あるいは特定の人と会うまでのハードルが高く感じられて「疲れてしまう」という意見は多いです。

マッチングアプリにおける「疲れ」の最大の原因は、相手とマッチしてから実際に会うまでに相応の時間とエネルギーを要するところです。

相手への返信は、自己紹介から始まる定型文を用意しておく人もいますが、その場合でも、いざメッセージを送る場合は相手のプロフィールに合わせて多少はカスタマイズした質問を送ろうとするので、それは精神的な負担へと変わっていくようです。

自分をアピールする場であるはずなのに、いつしか形式的な作業をしているような気持ちになると、喜びも感じにくくなってしまう……。何十人とやりとりをしても実際には会えず、「ムダになった時間」を思うとどっと疲れるのです。

しかしながら、疲れるからやめるのか、自分の求める出会いがほしいから頑張るのか。どちらかしか選べません。

求める出会いをつかんでいる人は、多少疲れることがあったとしても、シンプルに「いい出会いをしたいから」行動を続けたのです。

長期でじっくり？　短期集中？

マッチングアプリの出会いは、長期的にじっくりと相手を選ぶ人と短期集中で一気に多くの人と会う人がいます。どちらのアプローチが良いのかは、一人ひとりの目標や性格、生活スタイルによって異なります。

長期マイペース派

長期的にじっくりと相手を選びたい人は、見た目や趣味などの表面的な要素だけでなく、相手の価値観や人生観、将来のビジョンなど内面的な相性を見極め、ある程度の信頼関係を築いたうえで、長く付き合える関係をスタートさせたいという思いがあります。

しかしながら実際にマッチングアプリを始めると、マッチしたあと、数ヶ月にわたりメッセージのやりとりをしてうまくいきそうだと思っても、いざ会ったら「なんか、違う」と思うことはよくあります。

また、時を経て、1人の出会いに絞るまでに、ある程度の人に会っておかなければならないこともわかってくると、だらだら続けるよりは、ある程度期間を絞った方がいいと考え直す人も多くいます。

短期決戦派

短気集中でその間だけは〝出会い強化月間〟と位置づけ一気にいろんな人と出会おうと決めて取り組む人もいます。

「マッチングアプリは、いざ始めるとマッチするか選んだり、メッセージのやりとりをしたり、会う約束をするなど、実際に会うまでにやることがとにかく多くて疲れるんです。なので私は1ヶ月と期間を決め、かなり集中してマッチングアプリを活用するようにしています。マッチしたらなるべく多くの人に会いたいので、平日は会社帰りに誰かしらとは会うようにスケジュールを組み、土日は昼も夜も会うようにしています。多いときで1日5〜6人ぐらいと会っていました」

という人も。このように短気決戦派で、自分の求める出会いという目標に向かって効率的に行動する人は多いです。ダイエットと同じようなもので、期間を決めているからこそコミュニケーションに集中して力を注げるのかもしれません。

「短期集中で多くの人と会うと、一気にコミュニケーションの機会が増えるので、自分に合う人、合わない人の〝勘所〟のようなものがうまくつかめるようになります。短い間ならモチベーションも維持できる。あと、私自身、期限付きの方がマメになれるんです。『はじめまして』を繰り返していると、どうしても〝同じ質問と同じ答え〟のやりとりになってきます。『今週でこのやりとり10回目だな〜』と飽きがくる瞬間があっても、『いやいや、この間だけは集中して丁寧に返信しよう！』と頑張っています。自分の中の熱を冷まさないためにも、期限を設けていますね」

長期派 マッチングアプリをじっくり見ながら、
1人のプロフィールに深く考え込んでいる。

「ん？　この人なら、
もしかしたら私に合うかも…？」

短期派 「今月は出会い強化月間！
毎日誰かと会うぞ！」

短期決戦型の人は、スマホのカレンダーが
デートの予定でビッシリと埋まっています。

1ヶ月後——

長期派 いいなと思った相手と、1ヶ月間メッセージの
やりとりをしている。少しずつ親しくなってきた模様。

「この人の人生観、
やっぱり共感できる気がしてきた」

これからいよいよ会う段取りを決めていこうかなと思っています。

短期派 毎日誰かしらと会っているので、
家に帰るなりベッドに倒れ込む。

「これだけたくさんの人に会ったけど、
フィーリングが合う人って
少ないもんだなあ。でも、2人に絞れた！
あと1週間で結果出すぞ！」

SCHEDULE
短気集中派
長期マイペース派

「NO」という感情にも、グラデーションがある

人間の感情は、単純な二元論で分けられるほど単純ではありません。喜びも悲しみも、愛情も不安も、それぞれが無数の色合いを持つグラデーションのように、複雑に重なり合いながら私たちの内面を形作っています。白か黒か、0か1か、YESかNOかではなく、その間に様々な思いがあるのです。

それを念頭に置いておくだけでも、初対面の出会いに過剰に身構える必要はなくなります。

例えば、「NO」と断られたとしても、「絶対に会いたくない」から「今は諸事情で無理だが、機会があればまた会いたい」まで幅があるのです。「今は忙しくなって難しいけれど、落ち着いたら考えたい」だとしたら、「NO＝嫌われた」という思い込みからも解放されます。また、自分自身でも「NO」を言うときはあり、そのときも、感情にグラデーションがあることを理解していれば、そのニュアンスを丁寧に伝えることで、関係をより良いものに変えていくことは可能なのです。

寂しさを他人で埋めない

寂しいからと出会いを求める人は少なくありません。
しかし、「寂しい」という感情は、私たちを行動に駆り立てる原動力にときになりますが、その解決を他者に求めても健全な人間関係は築けないことが多いです。

寂しさを他人で埋めるのではなく、「寂しい」感情の背景にある自分自身の内面に目を向けることが肝心です。その過程で、自分の長所や短所、限界や可能性を受け入れて自己受容が進むと、他者に対してもよりオープンな自分を出せるようになり、健全な関係性を築く土台ができます。

自分自身の感情を理解してコントロールできるようになると、依存的な関係ではなく、より自立した関係を築くことができます。自分の幸せを他者任せにせず、自分自身で創出できることがわかれば、他者に対する理解と尊重の深さも増していきます。

CHAPTER 3

Dating Wellness 傷つかないで出会う Tinder式マインドセット

最後に、みなさんがマッチングアプリをする際、
心に留めておいてほしい
「傷つかないで出会うためのキーワード」を
紹介しておきます。
1、2 章で、「自分の出会いの解像度を高める方法」は
たくさんお伝えしてきたので、あとは自分の思いを大切にして
行動に移すのみ。その際、次ページからの 10 個の言葉を
思い出してみてください。

1

〝私に会える〟タイミングは、私が決めていい。

自分自身の時間を大切にする。
無理に相手に合わせて約束をする必要はない。

2

出会いの機会を自分で選べば、いい出会いを作りだせる。

リアルでもアプリでも、大事なのは出会い方ではない。出会いのチャンスがあるときに、相手を知る努力と、会うときのマイルールを持つことが大切。

3

〝断り方〟のパターンを持つことで、出会いに強くなれる。

自分なりのパターンを持っておくことで、
会話をうまく進められるようになる。それが自信につながる。

4

はじめましての人に、無理に好かれる必要はない。

はじめましてで嫌なことがあっても、
この人と関係を築く前でよかったと考える。
関係を築く前の方が、むしろ断りやすいのだから。

5

飾らない勇気が、初対面を気楽にする。

なるべく普段通りの自分でいよう。それで相手が自分に合わないと判断したときには、自分に合わない出会いを切り捨てられてよかったと思うことが大事。無理をしない。

6

自分の嫌いに向き合おう。

嫌だという気持ちは、その後の良い出会いの糧になる。

なんか嫌だという感情を無視しない。

嫌だと感じる要素がある相手候補を避けるために努力をすることは、その後の自分の心地良い出会いにつながっていく。

7

出会いを重ねると、もっと自分を大切にできる。

初対面の人とコミュニケーションを繰り返すことで、相手への期待値をコントロールできるようになる。人との出会いは自分を強く、そして自己理解を深めることにつながる。

8

知らない相手からの好意よりも、自分の心地良さを大切に。

相手から好意を感じるからといって、相手の提案を断ることにとまどう必要はない。自分にとって心地良い提案じゃないときは断ろう。

9

同意できない関係性はいらない。

相手の雑な行動に、
自分の時間と感情を使うのはもったいないから、
固執せず、先へ進もう。

10

たとえ失敗しても、それは「人間関係のエクササイズ」

たとえうまくいかないときも、こう考えればOK。失敗の供養の仕方がわかれば、またひとつ強くなれる。

4 ｜ 詐欺に注意

金銭的援助を求めてくる詐欺師や、電話やビデオ通話を拒否する相手は、プロフィールを偽っている可能性があるため気をつけましょう。相手が質問に答えようとしなかったり、直接会ったこともなく、お互いのことをあまり知らないのに真剣な交際を迫ってくる場合は、詐欺師の可能性があります。

Tinder の安全対策機能もチェック

報告機能

スワイプやメッセージのやりとりをするなかで、不審な行為に遭ったり、不快な思いをした場合、メンバーは報告機能を使い、その行為を報告することが可能です。

ビデオ通話

マッチが成立したのち、双方がビデオ通話での会話に同意すると起動することができます。

マッチした相手とオンライン上で顔を見て会話することで、テキストのやりとりだけではわからなかった雰囲気や人柄を知るきっかけとなります。

オフラインで会うなら、じっくり時間をかけて、相手のことをよく知ってからにしましょう。

また、実際にデートしていて、何だかおかしいな、居心地が悪いな、と思ったら、自分の直感を信じてデートを早く切り上げるなどもひとつの手です。

なりすまし防止機能

表示されるモデル写真と同じポーズで自分の顔写真を撮影して送信すると、AI がその撮影された写真と登録されているプロフィール写真を照合し、同一人物であるかどうかを判断します。同一人物であることが確認された場合、プロフィールに青いチェックマークが表示されます。

迷惑メッセージ防止機能

不適切な言葉を含んだメッセージを送信しようとすると、AI がそれを検出し、送信決定前に警告が表示されます。

幸福で健全な「Dating Wellness」って？

Tinder で生まれる関係には、アプリ内のメッセージのやりとりで終わるようなものもあれば、一生続くようなものもあるかもしれません。

デートにおいて互いに正しい知識を持ち、心身ともに幸福で健全な状態を目指す Tinder の Dating Wellness についてお伝えします。

オンラインでの安全

1 ｜ 個人情報は渡さない

知らない人には、どんな個人情報も渡さないようにしましょう。個人情報や住所、「毎週月曜日に決まったジムに行く」などの日々のルーティンに加え、自分の家族や友人の情報は簡単に教えないことをおすすめします。

2 ｜ Tinder 以外でのやりとりは避ける

新しい人と出会ったら、Tinder 内でやりとりするのが安全でおすすめです。Tinder では、文章や絵文字、ビデオ通話以外のコミュニケーションは利用できないので、不快な画像が送られてくるといった心配はありません。マッチ相手がすぐに電話や他のアプリでの会話に誘導しようとしてきたら気をつけましょう。

もしかしたら、Tinder の監視の目を避けようとしているのかもしれません。

3 ｜ アカウント情報を守る

自分の Tinder のパスワードは、マッチ相手とのつながり以上に強力なものに設定することが大切です。公共の、あるいは誰かと共有しているコンピューターからログインするときは注意し、ユーザー名やパスワード情報を聞いてくるメールが Tinder から来たら、絶対に教えず、すぐに Tinder に報告するようにしましょう。Tinder がメールでお客様のアカウント情報について尋ねることはありません。このような行為を報告する方法の詳細は、アプリ内のセーフティーセンターで確認できます。

安心のサイン

- 安心して自分らしく振る舞える
- ここまではいい、ここからはダメという自分の境界線を尊重してくれる
- 自分のことをどう思っているのか、はっきりと、前向きに伝えてくれる
- 気持ちを確認してくる
- 優先的に時間を割いてくれる
- 自分の感情をコントロールできている
- 一貫性があり、約束を守る
- こちらが必要としていることを気にかけてくれる
- 初デートからしばらくは、人目のあるところで会うことを提案してくる
- よく見てくれてるな、と思うような質問をしてくる

対面のときは「安心のサイン」を

デートする上で注意するべき「ハズレ」のサインがあることはよく知られていますが、デートが成功しそうなことがわかる「安心」のサインもあるということをご存じでしょうか。

「安心」のサインに注目すると、デートで相手に流されず、相手が本当に交際を続ける価値のある人かどうかを知る上で役立ちます。相手の言動についてどう感じるか、話せる友人がいるとより心強いでしょう。

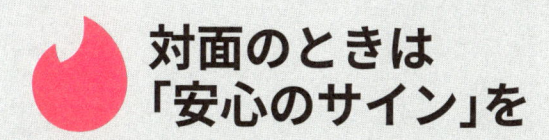

自由に選択し、心地よくつながれる世界へ

Ｔｉｎｄｅｒが本を出す⁉と、意外に思われた方が多いかもしれません。社内でもさまざまな議論がありましたが、最終的に日本における〝自己紹介〟としてこの本を上梓できることを一同嬉しく思っています。

Ｔｉｎｄｅｒはこれまで、恋愛を中心としたマッチングアプリとして多くのユーザーに利用されてきました。

しかし、２０２４年夏に渋谷で共催した初めての大規模なオフラインイベントであるMatch Fes Tokyoや、令和ロマンさんと齊藤なぎささんとご一緒させていただいたSwipe Storiesの企画を通じて、私たちは「つながり」の概念が多様化していることを改めて実感しました。

そして、Ｔｉｎｄｅｒはいま「出会いのハードルを下げる」

ことに注力しています。

他国と比べ、日本では対面でのコミュニケーションが重視される傾向があり、初対面の緊張やストレスを和らげるサポートや秘訣は多くの人の関心事になっています。Ｔｉｎｄｅｒは、ただのマッチングアプリではなく「出会いのスキルを磨く場」活用できる側面もあり、ユーザーが新しい関係を築けるようサポートしています。この本が、アプリを通じた体験だけでなく、より包括的にみなさんの可能性の幅を押し広げる一助となることを願ってやみません。

今後もＴｉｎｄｅｒは、ユーザーが恋愛だけでなく、友人関係や趣味のつながりなど、様々な側面のリレーションシップを築ける場としての可能性を広げていきます。多様な価値観を持つ人々が、自分に合った関係性を自由に選択し、心地よくつながれる世界を目指して、私たちは挑戦を続けます。

今後ともＴｉｎｄｅｒをよろしくお願いいたします。

「初手」で圧倒的にリードする

tinder® 公式 初対面に強くなる

Tinder 著

2025年5月10日　初版発行

Staff

文	めぐる
企画・構成	奈木れい（電通若者研究部）
デザイン	杉本ひかり
協力	ほめ♡レン、電通若者研究部
イラスト	Ery
校閲	島月拓
編集	吉本光里 (ワニブックス)

発行者	髙橋明男
発行所	株式会社ワニブックス 〒150-8482 東京都渋谷区恵比寿 4-4-9　えびす大黒ビル
ワニブックス HP	http://www.wani.co.jp/

お問い合わせはメールで受け付けております。
HPより「お問い合わせ」へお進みください。
※内容によりましてはお答えできない場合がございます。

印刷所	株式会社 光邦
製本所	ナショナル製本

定価はカバーに表示してあります。

ISBN978-4-8470-7438-7